뿌리와 날개

국립중앙도서관 출판시도서목록(CIP)

뿌리와 날개 : 윤휘윤 시집 / 지은이: 윤휘윤. -- 대전 : 지혜, 2012
p. ; cm. -- (지혜 시인선 ; 001)

ISBN 978-89-97386-24-6 03810 : ₩8000

한국 현대시[韓國 現代詩]

811.62-KDC5
895.714-DDC21

CIP2012003256

지혜 시인선 001

뿌리와 날개

윤휘윤

시인의 말

키이질로 검부지기와 먼지들은
쫓겨나고
버둥거리던 것들 차마 안쓰러워
주워 담았다

2012년 여름
윤휘윤

차례

3부 의자 다리는 여덟 시간 노동을 한다

4부 미안하다

5부 날 가시고 달 가시고

6부 꽃으로 바라 볼 수는 없을까

1부

잣대

잣대

엄밀한 의미에서 눈금과 눈금 사이
구심점을 주관하며 금쳐 놓는
절대자가 존재하는 것은 아닐까

가령 저울을 들었을 때 평행선에서
삿됨의 이입이나 성마른* 속바람*으로
한쪽이 끝없이 상승할 때
상대적으로 정반대의 현상을 보게 된다

깨뜨리지 못한 고정관념의 틀에 갇혀
연사질*이나 자기 기준의 잣대만이 최상이라고
우기지 않았는지

콤파스로
무한대의 원을 그리고 싶다

*성마른 : 도량이 좁고 성질이 급하다.
*속바람 : 원기가 지친 때에 균형을 잃고 몸이 떨리는 현상.
*연사질 : 교묘한 말로 남을 꾀어서 속 마음을 떠 보는 것.

추락, 고무풍선

입구에 장전된 안전장치의 묶인 실이 풀어지자
가슴 속 비장의 한이 시한폭탄 터지듯 펑펑 터지며
잉여의 생이 있었던 것처럼
바람을 섬김답게 바람과 동반 자폭하고 말았다

금새 현장은 북새통으로 아수라장으로 바뀌게 되었고
비밀을 보장받을 권리를 주장하며
이러쿵 저러쿵 추측만 난무할 뿐
불명예로 쓰러진 정확한 사인규명은 일체 불문에 부쳐져
일단락 났다

한때 불치병에라도 걸린 무절제한 바람끼로 탄력있는
풍만한 가슴을 나누어 주며
자발없이 거푼거리는가 하면 급박하게 돌아가는
그 절정에 이르러 한돌림 태를 뽑는 한호와
갈채의 스팟 라이터를 한 몸에 받는 탄성을 유발하는 일조로
일세를 풍미하며 위로 받기에 충분했었다

한 번 망가진 원형은 회복할 수 없이 쪼글쪼글 늙어버렸고
미래를 보여주지 못한 일회용으로 끝난 신뢰의 날개는

추락하여 만신창이로 늘부러져 누웠다
배신을 증오할 것이냐 짓밟을 것이냐
흙으로 돌아갈 수 없는 슬픈 족속이여

자동응답기

대화가 단절된
사뭇 차갑기만 한 자동응답기 앞에
대치하고 있는
이상의 차이는
수월히 넘어가지 않을 예감이 들기도 하다
첨예한 감각만으로 감지되는
정밀을 요구하는
감성이 포장된 그중의 바턴 B를 눌렀다
일불 지폐 두 장과 차표 한 장이 교체되어
맞물려질 때
체했던 속이 가시처럼 걸려
순순히 받아들일 수 없다는 시위로
감사납게 문을 닫아 걸었다
되 넣고 되 물리고
피를 말리는 단순 동작이 반복되면서
집요한 설득력은 낭패로 끝나고
덴 가슴이 수없이 찔렸다

에스컬레이터

뱀이다
잡아라
달아난다
땅에서 기던 것이
빌딩 안으로 들어와
쇳물로 녹아 번들거린다
겁을 집어 먹고
미끄덩거리는 줄무늬의 잔등에
얼른 올라 탔다
뒤를 돌아 보았다
길게 뻗친 뱀 꼬리가
구불덩 구불덩
내 징그러운 지난 날의 삶이
세상 사람들 사이를 헤치며
뒷 걸음질 치고 있다

엘리베이터

죽음의 관이다

빌딩 숲속을 어설렁거릴 때부터
정체가 의심스럽긴 했지만
관통하지 않으면 안될 약점을 아는 철저히
예비된 관이었다

완벽한 방음장치로 비밀이 보장된다는
현란한 속임수에
불발이었던 돌출된 바턴 사를 눌렀다

덩치 큰 괴물 아가리에 덥석 물린 채
문은 닫혔다

제공해버린 육신도 간헐적으로 뛰던 맥박도 사고도
몽롱한 의식 저편
직립된 신체는 들것에 들려 조립될 수도 공중분해되어
사라졌다

어디 갔느냐 물었지만
알 길이 없다

분수

당신은 무정란의 뿌리로
무릎꿇고 두 손 들어 기도하며
온몸으로 내장까지 쏟아내십니까
또 자기의 살과 뼈를 갈아
꺾어지고 부서지며 피를 뿌리고
그러면서도 다시 몸을 일으켜
딱딱한 바닥에다 두개골을 패대기 치는 일은
누구를 위한 생이십니까
또한 당신의 의지로
극기를 아름다움으로 창조해내는 힘은
어디서 오는 것입니까
몇 굽이나 바뀌는 삶과는 달리
바뀌어질 까닭이 없습니다
만약 제 몸뚱이를 당신께 바친다면
저의 죄업이 갈리어
투명한 물로 녹아 내리겠습니까

차라리

녹슨 몹쓸 에고를 괴로워하며
문드러지고 삐뜰어졌다는 자책으로
불 속으로 던져졌다

삼천도의 불길이 몸을 휘감고 길길이 날뛸 때
삐걱거리는 관절을 열어 분별있게 듣고
가늠하지 않는다면
틈새로 혼은 빠져나가 세상은 받아들이지 않고
쓰일 자리에 쓰이지 못한다
풀무는 더 세게 쇠망치는 불꽃이 튀는
부단한 근성이 없다면
바라는 형상은 꼬리를 감추고 말 것을

일찌기 저는 한 손으로 풀무를 돌리고 한 손으로
왕겨를 던지며 활활 타오르는 아궁이를
재미있게 바라보다가
느닷없이 내치는 북풍이 이마에 닿자
삶이 옆구리를 찔러 속도를 대견해 하는 겁장이였다

녹슨 농기구였다면

차라리 녹슨 농기구였드라면

산책

굶주린 창자가 단번에 정공을 찔러
사람의 피를 빨아 먹고
전염병을 옮기는 파렴치한 모기보다
날파리의 일장연설은 질색이라쳐도
꽤나 귀엽고 앙증맞다고
후한 점수까지 주었었다
깊어가는 저녁 논개구리 벌레소리의 합창이
교향곡처럼 들려주는 마루벽을 기대 읽노라면
소설 줄거리를 새까맣게 덮었고
허공을 탁 쳐 꼬물대는 날파리를 후후 비벼
날렸던 것이
산책길에 와글와글 길을 막고 나섰다

인간이 아닙니다

언감생심 들판을 마실 나오면
감시의 대상으로 온갖 수모를 당해도
측은지심을 발휘하여 내 편이 되어 주는 사람 없어
최면을 걸어 위로 하지만요
인간이 만들어 놓은 금기의 울타리를 넘어
인간이 먹는 것을 훔쳐 배를 채웠을 때
인격도 양심도 수치도 마비된지 오래
인간인 줄 착각한 분노를 돌로 쳐
밭 고랑에 던져 짐승의 밥이 되게 한 것 고통이었지만
백 번 싸다고 생각했습니다
저로 하여 살생한 죄 벗어나려는 비애
인내로 키운 것 잘 압니다
누르면 툭 터져버릴 연체동물의 껍질과 본능적
먹이일 뿐입니다

달팽이

내 의식 속에 네가 들어 와 산 것도
참으로 오래된 일
그 날 이후 지금까지
너는 안일의 숲에서
소극적인 삶을 살았다
내가 너를 죽도록 미워한 것도
오로지 너 자신만을 위한 행위이며
너 자신만을 위한 삶이었다는 것 또한
간과할 수 없는 것은 한 생명의 피를 축내며
말라 죽게 한 것이다
하마터면 내가 너를 밟아 죽일 뻔한 것도
너와 나 사이의 믿음을 파기한 것도
네가 원인 제공자였어
내가 너를 사랑했겠느냐 네가 나를 사랑했겠느냐
혐오의 눈초리로 바라보는 눈빛이
내가 너를 살려주고 싶었던 결정적인
원인은 아니었어
우리는 다 같이 본능의 먹이이기도 하지만
더구나 내가 너를 정죄할 권리는
없기 때문이다.

내가 걸려 뱅글뱅글 돌아간다

어떤 경로를 거쳐 파리 한 마리가
방충망에 걸려 들었을까

일면식도 없는 저 녀석이
잠입한 걸 보면
분명 수없이 내 방을 드나들며 일거수일투족
꿰 찼을 가능성이 높다

내 생애 파리 한 마리도
그냥 돌려보낸 적 없었지

녀석은 밖으로 나가기 위하여
필사적인 노력을 할 수록 기운은 소모되고
깊은 덫에 허우적거리는 날개짓
작살을 비웃으며
훌쩍 날으는 도움만 주었을뿐
날아간 이쪽과 저쪽을 번갈아 쫓다가

한 하늘을 받들어
내가 걸려 뱅글뱅글 돌아간다

구명조끼

주사위는 던져졌다
강을 건널 수 없다면 섬으로 남을 수 밖에

절대 절명의 사태
구명조끼에 나를 맡길 수 밖에 어떤 선택도
없었다

나선형 보트와 오랜지색 구명조끼
그 당시 나의 신이었다
갈 숲 우거진 가장자리를 따라 조바심 치며
물길을 바라볼 뿐
내가 할 수 있는 것은 아무 것도 없었다

신의 선물이었을까
은빛 찬란한 평화의 물결 끝으로
저 멀리 둔치에 은인처럼
한 사람 석양이 날 부르고 있었다

아 여행지
칸쿤에서 일어난 첫 번째 에피소드였다

나무열쇠

가끔 이 집을 들락거리면서
단골이 되었다

나와 나무열쇠는 어떤 관계의 함수일까
손목에 철거덕 채우고
오늘도 이 답답한 가슴 풀어 보려고
문을 열고
죄인처럼 고백소에 들어갔다

뭐가 잘못인지
고백해야 될 것이 뭔지 차근차근 생각하며
살갗에 붙어있는 때를 애지중지
밀어내
거죽만 맨질맨질 옥돌이 되고

죄가 불어나듯이
눈덩이처럼 불어나는 저 안의 속 때는
하루 이틀 불려도 찰거머리 같이 찰싹 달라붙어
떨어지지 않는다
공복을 채우기 이 보다 더 좋은 때 수건은 없을까

계약서

세코야 숲속에 엉겨있는
늙은 두 나무
저 나무들도 백지 한 장에 계약서를
주고 받았을까

등 부비며 평생 함께 살자고
빽빽하게 작성된 계약서 한 장 내밀 때
홀라당 넘어간 젊음이 아롱거린다

계약서 한 장에 매달려 살아왔고 살아졌는데
돌아 눕는 구부정한 등을 바라보며
외롭고 서러워지는 이 까닭은 무엇일까
그래도 천만다행인 것은
각방 쓰자고 선언했다는 친구도 있다는데
계약서가 살아 있다

저 나무들도 죽는 날까지 함께 하자고
무언의 약속을 했으리라

찰나

그것은 찰나였다
날개도 없이 언덕을 날아
신작로에 불시착한 자동차

샌디아고로 향해 가던 길
훌쩍 뛰어 넘은 약속 시간
길 잃어 안절부절
잠시 세웠던 파킹장 빠져 나오려다
일어난 급발진
머릿속 하얗게 서려 덥히던 찰나
아 대형사고

내 몸 같이 아끼고 사랑해 주었던
주인에 대한 보답이었을까
제 몸은 박살이 나도
주인은 피 한 방울 흘린 일 없이
무사했고 옆자리 친구도 깨끗했다

그것은 찰나에 일어난 기적
기적이었다

2부

입증, 그 뿌리

입증, 그 뿌리

결속력 하나로 일제히 군모를 쓰고
온 몸이 리모컨이 되어 곰보시멘트 벽을 할키며
삼엄한 경계에
강도 높은 그물을 내 걸었다

기러기 이산이 늘어나는 시대에
풀잎과로 시뻐게 취겁했었던 담쟁이는
그 자리에 태어나 대를 이어 새끼에 새끼를 치며
한사코 이산 가족을 거부하는 고집 수준급이다

기어코 담장 일대를 시퍼렇게 물들이고
철조망도 없애버린 초록덩이들
한 끈을 잡아당기자
우르르 함께 엉기는 집단력이 놀랍기만 하다

김장김치 단상

칼날을 밀어넣은 정수리가 네쪽으로
갈라지면서
도마 위에 순교자처럼 쓰러졌다

달빛도 감미로운 어느 수수밭 고랑
물소리 바람소리 교감을 나누었던 그리움을 떠나
장터 골목 뿌리가 댕겅 잘린 울음이
생존의 막다른 다라이에 왕소금을 받고 숨이 죽었다

어차피 겪어야 할 마지막 계절
세상에서 제일 지독한 파 마늘 고추가루에 버물려
쓰라림을 벗어난 무의식 세계로 들게 할 수 있는
자비와 배려를 베풀 수 있다면 속전속공으로
내세를 위한 땅 속에 묻어 주는 방법밖에 없다

엄동설한 쓰라린 아픔 삭히며 항아리에서 시어지겠지
나 또한 고난 삭히며 살아가리라

샌드위치 속의 토마토

빵 속에 치즈 상추 토마토 교감이 원만한 배치에 애정을 기울여
혹여 한 치의 어긋남이 없으리라는 장담은 금물이면서 반사적으로
예기치 않은 돌발적 반발이 일어나지 않는다는 보장은
더구나 없다 어떤 모형으로 자를까 마른모의 온세미를
몇 등분으로 갈라 놓는다는 건 눈앞을 가리는 슬픔이지만
상추와 치즈는 납작 엎드려 있는데 반하여 토마토는 원 위치의
반경에서 태 밖으로 똥글똥글 미끄덩 굴으려는 모션이
압도적이다 잽싸게 손 쓰지 않으면 적잖은 자멸에 돌출된 부분을
만져보고 어떤 이변에 말려들지 않는 한 지레짐작과 속단
고정관념을 배제시킨 온갖 기지를 동원한 두 손으로 감싸며 칼날을
아주 살짝만 들어밀었다 무방비로 열려있는 무한대의 공간으로 탈출
하는 토마토의 배짱과 용기를 감탄하면서 과감하게 자르지
못했던 약점을 들켜 버렸다

자각증세

가스레인지 불을 당기자
파르스름한 송곳같은 불꽃이 올라오고 있다
물커덩한 눈알도 내장도 도려내고
힘의 압력으로 던지고 굴리고 결박당한 노끈의 문신이
찍혀 어혈이든 깡마른 체구
너무 뜨거워 체위를 바꾸며 바둥거리다
벗어날 수 없는 자포자기로
단두대의 철판을 둘둘 말아 올린다

어느 영혼이
불 속에 갇혔는가

군데군데 거뭇거뭇한 점박이를 통째로 들어올려
잘근잘근 단물을 씹는다

덩달아 자각증세를 일으키며
뒤틀리고 있는 나

노글락 말락

카터를 밀며 구매 충동을 일으키게 하는
한국슈퍼마켓
사람들이 붐비는 한군데
나처럼 이민 온 노르웨이 고등어가
파운드에 칠십 구센트면 엄청 싸다
좌충우돌 피 묻은 고등어를 뒤적거리며
어릴적 내 할머니는 고등어를 고등애라 하시면서
사돈요 늙어가니까 왼손에 짭짜름 비린내
한 동가리라도 들어야 밥이 잘 넘어가니더
겸상을 차렸던 외할머니께 하시던 말씀이 생각났다
큰것 네댓 마리 저울에 달았다
전철 타고 갈 생각에 두 마리를 도로 내려 놓았다
욕심을 줄여도 한 바퀴 휙 돌고 또 반 바퀴 더 돌다
화살표가 정지되었다
오늘 저녁 식구들 반찬은 얼큰한 고등어 찌게
바다도 아닌 비닐 봉다리에서 꽁꽁 언 고등어가 아직은
노글락 말락 녹아서 다시 살아나는 건 아니겠지
만약 짹지르는 뱃고동 소리를 듣고 벌떡 일어난다면
꽉 잡은 고등어를 돌려주어야지
비닐 봉다리에선 비린 고향내가 확 풍긴다

황홀한 고민

썩는다는 것은 가능성이다
난 썩지 않는 병 속에 살아 있다

슈퍼마켓 선반에 병 나발을 불고 있는 나를
억지로 팔을 뻗어 뚜껑이 달린 내 머리를 사랑으로 벗기고
장미꽃보다 더 진한 피를
자기 혈관 속으로 수혈하는 사람들
피가 되고 살이 될터이지만 문제는 썩지 않을
황홀한 고민 하나 더 늘 것인즉
아무도 내 생이 절개되어 끔찍한 고통으로 쪼개고 짓이겨
재탄생되었다는 것을
기억해 주는 사람들은 많지 않다

결핍된 자신만으론 완결될 수 없다는 명제 앞에
속수무책인 나

진정 한 나무의 꽃에서 토마토로
다시 토마토에서 꽃으로 돌아오는 것이다

오렌지

방금 딴 이슬이 또르르 말린 쟁반에
아슬아슬 쌓아 올린 오렌지를
위험수위를 넘어 파죽지세로 몰아 넣을
야심찬 음모로 바라보고 있다

건드리면 와르르 무너져
유리알처럼 반들반들 깨어질지도 모를
그 느낌
만삭의 알을 더듬거리며 성급한 손의 떨림으로
경각에 명줄이 끊어져 찢기는
서늘한 울림을 걷어내고 소리도 벗겨내고
샛노란 명주실로 탱탱 감긴 여덟쪽의
질서를 떼어내
농익은 단맛의 즙을 게걸스럽게 훑었다

창조자의 섭리를 포만감으로
세포에 비타민 씨를 들어 부었다

수도꼭지

물의 그릇

꼭지를 비틀어 벌떡벌떡 마셔라
혼신으로 목을 째면서
그대들의 生을 적시고 갈증을 위함이니
잠겼다 열렸다 하는 번거로움도
그대들 위한 것이오니
수압의 게이지가 올라갈수록 생기에 찬 피톨이
용암처럼 분출하여
내 소리는 꾀꼬리 울음보다 청아하고
개울물 소리보다 우렁차다
生을 거부하고 싶은 힘들고 고독한 그대들
다 내게로 오라
항아리마다 가득가득
그대들 삶이 용솟음칠 것이다

내 그대들 위해 존재한다

비오는 날의 차 한 잔

젖은 나뭇잎이 반란하는 아스팔트에
늙은 흑인 청소부가 갈쿠리 같은 손으로
낙엽을 긁어 모으고 있다

갈쿠리에 감기는 낙엽의 섬찟함을 떨치고
쌓이는 죽음 하나 주워 들었다

이런 날은 차 한 잔을 마셔야지
난로에 불을 당겨 차를 끓이며 마시며
걸리적거리는 찻잎은 따로 걷어내며
찻 숟가락으로 부대끼는 가슴을 저으며
붉은 그리움과 황색 미움들이 녹아지고

흑인 청소부의 갈쿠리 긁는 소리가 찻잔에
각인되어 씁쓰럼히 번진다

가족

쌀을 씻어 안치고
전기 밥솥에서 밥이 끓고
시금치 당근 단무지를 쓸고 계란을 뒤집는 동안
밥이 되었다는 신호가 왔다
윤기가 자르르 흐르는 밥에다 식초 소금 설탕
동량의 분량으로 밥에다 섞어 김발에다 깔고
초록 황색 붉은색 야채도 얹어
김밥을 말아 식탁에 내 놓았다
김밥에도 가족이 있었다
야채와 고기를 넉넉히 섞어야
김밥이 되고 제맛이 나듯
식탁에 둘러 앉은 아들 딸 가족이 있어야
한층 밥맛이 나는 것
나는 가끔씩
김밥을 만다 김밥 속의 가족 사랑처럼
특별한 날은
내 가족을 위해 부엌에서 수선을 피운다

올킷의 수난

꽃집에 들렀다
실리적인 행운목을 염두에 두었으나
첫 눈에 끌린 올킷
그새 맘 뺏긴 걸 보면 맘이란 믿을 수 없다

보라 올킷과 흰 올킷 둘 중 하나의 선택이
적잖이 망설여지는 고민이 따르다니

기품으론 단연 흰 올킷이 돋보였으나
수평에서 여불대기로 기울어져 곁달이란 인식의 흠이
좀처럼 떨치기 어려웠고
따스한 이미지의 보라 올킷으로 맘 굳혔다

내게 거쳐간 모든 꽃들 죽었고
그에 따른 만만찮은 후회로 점철되다보니
남창으로 옮겨가며 분무기로 물을 뿌리고 공을 들였건만
방심이 돌출이 시난고난 비운의 서막으로 진행된
차비를 까맣게 몰랐고
살려 보리라는 희망 걸어보지만
만약 뿌리마저 죽었다면 끝장난 올킷의 불행을 바라보는
내 상심은 무엇으로 바꿀 것인가

재작년 봄 이맘 때

파피 꽃밭 간다
설마설마가 자꾸 질척대
겨우 간다
소용돌이 치는 감사나운 비바람이 꽃대궁의 목을 감고
냅다 흔들어
나부대던 젖꽃판이 아르르 처깔하게 움츠리며
목께까지 잠겨 못 나오고 있다
웃비 그치는 기대도
벗개일 것 같지 않은 도린곁에서
파피꽃을 못볼 것 같은 참담함에
차창밖을 기웃대니
재작년 봄 이맘 때가 알짱거린다

화무십일홍

무덤덤한 나날
사막으로부터 한 번 다녀가라는 돌파구의
전갈이 왔다
해마다 거르지 않은 터에
오월 어느 날 짬 내 보리라 작정만 하고
정작 먼 길 떠나려면 걸리는 것 많아
미적거리던 중이었다

초입부터 뒤채어 조심해 들어가지 않으면
밟히겠다
발목 허리께까지 휘감겨 숨이 멎을 것 같은 열기에
동화되어 가는 나
들어갈 수록 감당치 못할 꽃길
바람이 불 때마다 찬란하게 꽃 피우는
저 절정의 끝

잠시 후 누가 알리
석양이 드리우자 타 오르든 불꽃이 잦아들면서
을씨년스런 불티만 날으고
황폐해진 사막은 문을 닫았다

모순

꽃 시장 들통에 만개했던 꽃들

아름다움을 그냥 바라볼 수는 없었던 걸까
아름답다는 이유가 희생의 제물이 된다면
긍휼히 여기사란 모순이다

염하듯 옷자란 가지치기와 불안전하게 붙은
잎파리를 뚝뚝 따내
되살아날 잠재력을 핀으로 찌르고
철사로 골절을 살려 칭칭 감는 모순을 감행하는
손이 떨면서
죽음이 만져지는 꽃을 꽂는 수반의 혼들이
질문을 던진다
당신은 꽃을 사랑하는 사람인가요

장식으로 치장한 꽃꽂이가
모순의 산물이 되어
꽃상여 같다는 생각이 떨쳐지지 않는다

3부

의자 다리는 여덟 시간 노동을 한다

의자 다리는 여덟 시간 노동을 한다

파스락 깨물어 먹는 입 속의 과자가 사막의 모래라고는 말할 수 없을지라도, 그렇게 맛이 될 수 있다는 것은 오후 네시 벽 시계가 노동을 멈추지 않는 때문이다. 책상 위에 재킷을 벗어 던지듯 의자에 몸을 던진다. 촉각을 세운 구두 발자국 소리. 벽 모서리에 걸린 눈 덮인 전나무에 바람이 일어 시선을 쾅 닫는 문소리 바나나 껍질이 손에서 떨어져 나가고, 사면의 공간에 타타타 진공관에 찍혀 시간이 끊기고 활자가 끊기고 끊겨 의자에서 다리를 오므렸다 폈다 내렸다 올렸다 뒤틀리는 삐거덕 소리. 백이십오 파운드의 무게는 컵 속의 수분을 삼켜 버리고 십오 분 휴식에 눈을 감는다.

블랙타임

전자레인지 안에 팝콘을 넣고
바턴 장치의 맨 끝 숫자
제로를 누르면 백 사십오 오십구
백 이십 삼십 오십 일초 이초 오초
이십초 삼십초 이분 삼분 육분
밖에는 아직 비가 오고 있다
갑자기 펑 터지는 신호가 왔다
창 밖에는 비바람이 불고
소년의 우산이 박쥐가 되어 나무 위로
올라가고 팝콘이 빈 의자에 쏟아지고
볼펜이 바닥으로 떨어진다

이중국적

시민권자는 되지 않겠다고
독야청청 애국이 스스로 다짐했네

수 십 년 모셔두었던 국적 보따리 푸니
오래 묵힌 고생만 볼 품 없네
생전에 조상 모신 나라 돌아가기 틀렸다고
탄식에 폭삭 늙었는데
택도 없는 육십 오세 이상 해외동포 미시민권자에게
이중국적 허용한다는 말에 내 귀는 당나귀 귀

국적과 시민권 맞바꿀 때
땅이 꺼지고 하늘이 노랄 거라고 손수건 준비하고
하나 얻으면 하나 내놓아야 하는
세 살 아이도 아는 셈본
큰 땅의 것 작은 땅의 것 하나 보다야 둘이 낫지
까짓 것 손 한 번 올렸다 내리고
큰 강당 걸어 나온 것이 뭐 대순가
서랍에서 잠만 잘 증서 한 장 받았지만
안팎 말짱한데

은퇴 정리하고 남은여생 뼈와 살을 묻을
덩실덩실 춤이라도 출까

긴장, 떠맨 삶

찢어진 밑창에서 흙물이 올라 온다
부르튼 발바닥이 질퍽질퍽 소리지르며
미끈미끈 헛다리를 짚고
바람이 휘몰아쳐 척추가 휘청인다

팔은 수평으로 허공을 휘젓는 허수아비
허둥거리며 등을 일으켜 세운 무릎이 진흙탕에 주저앉아
둔중한 물체가 넘어지는 소리 탁하게 들린다

허리에 얽힌 넝쿨을 씹으며 기어드는 목소리로
소리쳐 들었더라도 아무도 뒤돌아보지 않는다
폐각장을 찾아갈 쓰레기를 바라보며
바람은 그의 마음을 비웃기라도 하듯
덜미를 잡고 사납게 날뛴다
심장의 피가 엉긴다

떨어진 고무신짝을 내던지고
어기적어기적 쏟아져 내리는
파란 태평양 하늘 가슴에 안는다.

빵은 어디 있느냐

비가 발 걸음을 묶는 시청 한 블럭 사이에
공원 하나가 있습니다
찢어진 푸대자루 사이로 손 하나가 햄버거 봉지를
흔들었습니다
나뭇잎을 두들기는 빗 소리는 어두움의 무게만큼
무겁습니다 숨 쉴 때마다
공원은 작아졌다 커졌다 벌렁거립니다
숲과 나무들은 구름을 열었다 닫았다 간간이
아스팔트의 불빛이 번들거려
도무지 분간키 어렵고 막막하기만 합니다
아무도 그 옆을 지나가는 사람도 없고
혹여 지나간다 하더라도 뒤 돌아 보았는지는
모르지만 손 잡아 주는 사람은 없습니다
지금도 그 곳엔 어두움이 있고 천둥번개가 울고
바람이 몸을 때립니다

날카로운 것엔 찔리기 십상이다

일터 빌딩 각진 모서리 요소요소엔
못도 많다
못들은 대가리만 내놓고 몸은 깊숙한 곳에 감추고 있어
자칫 육안으로 판별키 어렵다
찌르는 명수여서 언제 어디서 봉변을 당할지
살아남더라도 희생할 가망이 없다
어리버리 물렁해 보이는 쉬운 것들만 골라
걸려들기를 기다리는
용의주도한 인물임엔 틀림없다
벽에서 의자에서 책상에서 불쑥불쑥 나타나 찌를 땐
댓바람으로 잽싸게 살 속으로 들어와
사정되기 무섭게 투혼으로 독을 막았으나 기어코 피를
보고야 만다
때때로 맞닥뜨려 인사라도 할라치면 전혀 모르는 체
차갑게 돌아서서 의무를 다 하였다고 큰소리치며
희희낙락 도무지 반성할 줄도 모른다
밥이 되어 주기로 작정한 때도 있었지만 하마터면
간담이 서늘한 적이 몇 번이었던가
찔리지 않으려는 방편으로 숨소리도 줄이고 명령
순종하며 못을 뽑아버릴 용기는

더더욱 없다
평온해 보이는 빌딩엔 수많은 못들이 아우성
치고 있다

오버타임

일터 식당에서 삶은 고구마 껍질을
벗길 즈음
스피커에서 부드러운 음색은 아니고 약 강 톤이 섞인
흥미있는 오버타임에 사인 하라는 선전포고의
메시지가 흘러 나왔을 때
오버타임이 나의 전유물이나 되는 것처럼
노다지를 캐러 허겁지겁 사인하러 가는 모습을
상상하며
시간을 재고 노동량의 양을 계산하며 경쟁의
틀 속에 갇혔다는 의식을 떨쳐버리고
비로소 안정을 기대고 앉은 의자
PC 문을 열고 비밀번호와 패스워드를 집어 넣고
자판을 두드리는 리듬과 속도에
손가락이 기름칠한 것 같이 매끌매끌 미끄러지면서 에러없는
활자가 입력될 때
다량의 달라가 생산되고 계산을 믿으며 활력이 배가 되어 주중
주말까지 합산하여 점점 늘어나는 날마다 시간에
고단한 호소를 물리치다가 오버타임 중독 고독에 몸져 눕기
도 했었지
그 덕에 오버타임광이라는 별명 하나 얻어냈다

세 여자

정년퇴직을 앞둔 세 여자가 빌딩 주위를 돌면서
들통날 함구 했었던 정년퇴직에 대해서
한 여자가 조심스럽게 꺼냈다
삼십년 전 한날 한시에 들어 왔고
나갈 때도 같이 나가자는 제의를 해왔다
저 여자 벌써 칠십이래 라는 말이 나오기 전에
그만 두겠다고
입 버릇처럼 말한 여자가
젊어보인다는 의미가 내포된 뜻에 들떠 오 년은
버텨보겠다고 하고
내 나이는 육십오 세가 더디 온다고
탄식 불평을 봇물 터지듯 한 여자도 내일 모레면
육십오 세가 되고
칠십 세가 목에 꽉 찬 여자는
삼심오 년 채우고 그만 둔다고 발설한 적 없는
세 여자 민들레같이 찔깃찔깃
수명이 길어졌다 건강만 주어 진다면 기약이 없다는
핑계고 보면
정년퇴직에 대해서 새로운 판도를 짜야될 것 같다
아리송 속네 모르는 세 여자

시간이 종료되어 타임카드에 시간을 찍고
의자에 앉았다

깡통 속에 떨어지는 동전

버스 종점 맥시칸계 아버지는 다리 하나가 고장난
의자에 삐딱하게 기대어
빨랫줄처럼 늘어진 기타줄에 한 가닥의 생을 붙잡고
녹슨 줄을 고르고
만들었지 싶은 깃털이 달린 챙 넓은 모자로 얼굴을
푹 눌렀지만 고뇌의
그림자는 감추지 못했다
숭숭 뚫린 바지구멍으로 드나드는 드센 인생이
감각 없는 맨살에 익숙해 있었고
끊어질듯 이어지는 아버지의 기타줄에 어린 아들의 목 짧은
목울대가 휘감겨
애끓는 가락이 끝날 때마다
겹겹이 에워싼 팔매질로 떨어지는 동전이
쟁그렁 쟁그렁 겨울 하늘이 시리다

그늘

버스를 기다리는 의자 옆에 키 큰 나무
사막의 열기는
양산이나 모자 손바닥으론 어림없다
나무의 가호를 받으니
호박이 덩굴째 떨어진다

애타게 기다리는 주황색 62번은 기별도 없다
나무의 날개 밑에 목을 길게 뺀다

나무는 천성이 물러터져 착하다
적선하소라고 고개 숙이는 손들을
박정하게 외면했으니
준비되지 않으면 작심삼일이지

나무에게 한 번도 고맙다는 인사도 못했네
좋은 일만하는 저 나무의 앞날은
천당은 끝자놓은 당상이지

다운타운

목쉰 울음이 토해내는 급류 속으로 떠밀려
간다
무명 쪼가리를 덧붙여 기운 파란 하늘이 들어앉은
이동공간
낮의 태양이 끓어 올라 겨우 은신한 구석진 여백엔
컵라면 한국신문이 질서가 없고
사다리 난간 줄에 매달린 지갑 선그라스 머리빗 허리띠들이
목례를 한다
손님이 뜸하면 손바닥을 쳐 손님을 불러 모으고 먼지털이로
먼지를 털고 연신 허리 굽혀 인사를 한다
어디서 호각소리 높아지자
드난살이 삶 끌며 힐 오가에서 육가로 허우적 허우적
출렁출렁 급히 밀고가는 이동공간

62번을 타고

노숙자가 당했다

퇴근 길
임퍼리얼 하이웨이와 놀웍 블러바드 사거리에서
아꼈던 전 재산 수족같이 의지했던 카트가
트럭과 충돌했다

고장난 바퀴를 온몸을 비틀어 막아냈으나
카트 조종의 달인인 노숙자라 할지라도 궤도를 이탈한
카트를 멈추게 할 수 는 없었을게다
방해꾼이었고 폭군이라는 의식에 해방되지 않았던 터에
절박한 사투를 벌이고 있었으니
원수같다는 죽을지도 모른다는 의심을 품게 되자
일방적으로 당했다는 억울함은 변함없다

한 번 올가미에 물린 먹이는 쉽게 놓아주지 않을
공산이며 숫법이고 논리다

숨을 죽였던 차량들 슬슬 움직이고
하늘의 구름이나 전봇대나 가로수들도
안도의 기지개를 펴고 휙휙 지나가고 있는 사각지대

막차

일기예보는 오후 비가 올 것 같다는
전언이지만
엘에이에서 귀한 비좀 맞는 것 어때
번거로운 우산 생략했다

떨어지는 빗방울 상쾌감을 동반하며
지금 몇 시쯤 되었을까
몸에 지니는 것 싫다고 시계 차 본 지도
남의 손목 들쳐 묻는 인내 감수하며

저승길이 이러할까 버몬 계단은 멀고 깊어
아찔했다

이미 열시행 전동차는 지나갔겠거니
막차를 기다리는 차가운 손들
동족같이 따뜻하게 잡고 싶다
막 도착한 유리창에서 떨어지는 십이월의 빗방울들
나를 반기며 불러 들인다

동영상

자정 가까워 가는 2교대 퇴근 시간
브로드웨이 1가와 탬플 시청광장에
홑이불 위로 헤드라이트 불빛이 명멸하는 빗줄기들
헬맷 쓴 저승사자 두어 사람
비를 통제하겠다고 휘두르는 막대기에 걸린
집단의 나란한 발들 뿜어내는 입김 살아있다

비가 오기 전이었을 것이다
이불을 부둥켜 안고
제재도 방해도 받지않는 넓은 공간은
지난 날 가족을 처자식을 버렸고 버림 받았다는속죄로
시멘트 바닥에 등과 등을 포개어 눕혔고
부평초처럼 자라난 죄 용서를 비는 망각된 눈물이
출렁출렁 성조기도 펄럭펄럭 통곡했다

기적은 일어나지 않았다

도착한 버스
시월의 차가운 빗방울이 시리게 내리고
오래된 직장시절에 각인되었던 한 씬이
아른아른 놓아지지 않는다

귀가

직장 동료 흑인 쿠웬이 먼저 버스 안으로 들어갔다

자동 문턱에 올라 스르르 닫히는 소리는 이미
늑골에 저장되었고
앞 발통이 발등을 덮쳐 도망칠 수 없는 경계에
열십자로 길게 누었다
끌려 피할 수 없는 운명을 역전한 장본인은
길 가던 흑인 청소부의 호소력이 남 달랐다

참혹한 현장의 판국을 상상하고 회비가 엇갈렸던 창 안 밖
승객 전원 평정을 회복하고 자리에 앉았다

혹자는 오월 새벽 네 다섯시는 희붐하기 때문 줄 맨 끝에 섰던
그녀를 보지 못했던 상황 판단
부주의라고도 하고
혹자는 그래비아 시프트를 택할 수밖에 없었던 이민살이
애환이라는 중론이 분분했다는 후문

그때 이후
줄서기를 각인시켰다는 후문

4부

미안하다

미안하다

내 신체 상부 오른쪽에 위치한 수고
인정 한다

간밤 모로 누울 때마다 토막치고 각을 뜨는 스스럼 없는 행위
성에 찰 때까지 두고보는 인내의 한계는 오래 버티지 못하고
무너졌다

그도 그럴 것이 이민 온 졸곧 신체 어느 부위 고달프지 않은
데 있으랴마는
이 교대 밤 시간
단순 노동의 키보드를 두드리며 충직을 강요하며
너무 무거운 짐을 떠맡겨 면책이 어려운 올가미가 될 줄은

예측할 수 없는 불안한 존재에 매달려 누구를 위한 삶이냐고
다그쳐 물을 때 참으로 난감하고 만만찮다
고분고분 할수록 가혹하였고
가까울 수록 예 갖추지 못했다
우린 서로 미워할 수도 헤어질 수도 없는 한 몸인 것을

사고事故

의사의 진단은
달포쯤 빗장을 질렀다

먹고
말하고
듣고
본 것이 罪가 되어
門을 닫고
이빨에 철사줄을 걸었다

진통제 한 알 받아 넣고
마음을 떠 넣으며

깔대기를 짜브라진 창자에 꽂았다
숨을 들어 쉬었다 내었다
헐떡거리다 딸각한다

빗장이 풀리고
門이 열렸다
누가 부끄러운 이 안을 들여다 본다

두문불출에 길이 들어 바깥은 너무 밝다

긴 터널 빠져 나와서
뉘우침은 또 얼마나 헛된 짓인가

소화불량

내시경을 자주 촬영하는 것은 해롭다고 극구 말렸지만
어딘지 미심쩍어
최후 판결을 받듯 발판대로 올랐다

이승과 저승의 경계를 가르듯 간호사는 가리개 줄을
잡아당겼다
마스크를 쓴 의사에게
암만 애써도 용서와 화해를 해결치 못했다는
고해성사만은 꼭 하리라 다짐하며
달싹달싹 맥을 놓았다

내가 저승으로 간 사이
의사는 무슨 일을 저질렀는지
깨어 보니
내 안에 쌓인 불순물들을 꺼집어 내어
낱낱이 적은 진단서
하얀 종이 한 장을 내 밀었다

삼십 년 직장생활의 스트레스가
소화불량의 진범이었다

떠나간 자리

캄캄한 입속에서 버티고 있던 사랑니
뿌리째 흔들리고 있다

씹고 물어뜯으며 살았던
그 한계에 이르러 아프게 하고
기실 남 모르게 앓고 있었던가
밥을 먹었던 자국과
정체를 알 수 없는 방심했던 벌레들이 집요한 알까기에서
꼭꼭 박힌 틈과 틈 사이를
비집고 들어앉아
떠나고 싶어도 떠나지 못했던 밝은 데로 나갈 희망은
늘 버리지 않았을까

닳고 오래된 사랑니가
새 부품으로 갈아 끼운다고
그 자리를 대신할 것 같지도 않지만
평정심으로 돌아 갈 연습에 익숙해지지 않음을
염려해서
몇 방울 살균제를 떨어뜨리고
다시 솟아오를지도 모를 가능성을

특효 땜질로 일단락지었다

한동안 떠나간 자리를
연모하겠지

의자

의자에 고용되고부터 의자가 시키는 대로
길들여졌다
하루종일 묶여 짓 무른 엉덩이와 휘어진 등뼈로
의자를 들이받아 당겼다
팽팽히 맞서 휘감기는 모가지가 바람을 받으면서
부러지고 꺾어지고 나서 시도하고 모색하고 엎어지고
나서야 옆구리가 터져 살아냈다
입 풀 바르고 구십도 조아려 한 뼘씩 늘어나는
이골을 삼켰다
흑인 시니어가 동료 한국인에게 던진 인격 모독으로
울고 떠났던 살얼음
지켜만 보는 서러움 어두움이었다
낭만적이었다라는 추억의 걸상은 화살처럼 지나가
버렸고
통하지 않았던 불협화음 의자가 가끔 엿들었다
피붙이 같은 생각도 들 때도 있었다
찔깃찔깃 끈끈이는 의자의 무게를 끌어안고
숨차게 달려왔다
내 생을 압축한 수십 년 받쳐 주었던 의자가
비로소 꽃방석이 되어 주고 있다

이방인의 현주소

공항에서 내국인과 외국인의 출입구가
차별화된 것을 경험한 후
언제까지 지켜질지 모를 내국인으로 남기를
고집하고 있다
여권갱신 때마다
본적과 현주소가 불분명하다는 지적을 받고
번번이 밖으로 밀려나곤 하였다
오늘도 영사관 창구에서
신상명세서를 받아들고
막히는 한 대목
부랴부랴 수첩을 꺼내 뒤적여 보아도
딱히 분명한 것이 보이지 않는다
여기서도 저기서도
정착 못 하는 삶

깊고 슬픈 눈

발목을 비끌어맨 브로드웨이 6가
유월의 찐득찐득한 구석을 쪼글신 그 남자
허름한 보자기를 덮은 사과 궤짝을 일으켜 세웠다

한 사람은 5달러 두 사람은 인심 쓴 종이 미끼로 붙여
푸르딩딩 통속의 땟국이 흐르는 몽당연필로
깡마른 긴 손가락을
어부가 고기를 낚듯 어깨에 무게를 던졌다

미친듯 펄럭이다 고요히 멈추어 든 하얀 여백에
인디언 그녀의 머리카락 한 오라기 이마에 잎새처럼 피어나고
풍선처럼 부풀어 오르는 유방
최후로 얼굴에 비해 깊고 슬픈 큰 눈
가장 행복한 순간을 포착하여 입가에 미소 살아 났다

어디서 실족했을까
그녀의 상체가 사과 궤짝 위에 올라 앉았고
그 남자가 그녀를 보호하듯 받치고 있다

월급봉투

오늘은 월급날
직사각형 월급봉투 속에 갇힌
내 젊음과 시간과 정열이
가끔씩 억울하다는 투정이 들 때를 제외하곤
존경과 신뢰를 바쳤던 월급봉투

내 오만한 불평을 자르고
직사각형 속 가벼운 존재가 그나마 얼마나 대견스러운지
서랍 속 넣어두고 열었다 닫았다
이쁜 자식 바라보듯 보고 또 보고

피와 땀이 녹아 흐르는 늘 같은 중량의 달러 지폐
움켜쥐고 소중히 세며 넘길 때
나는 없고 지나간 세월 속 인색한 나만 남아
월급쟁이 밖에 살 줄 모르는 내 생이
월급봉투에 몽땅 저당 잡혔다

열애

애인은 진공이다
우리가 설정한 이 자리에
네가 오고 있고
내가 가고 있는
지점에
만나리라는 확신을 가지면서도
못 믿는 것은
한때 빗나간
댄 가슴의 상처가 아직도 남아있는데
일정한 거리를 유지하며
넷트를 넘는 너를 감질나게 바라보며
튀는 소리마다 너였다가
너일 것이라며
가슴이 뛰고 설레인다
긴 만남과 짧은 만남이 이루어지는
아슬아슬 혹은 돌풍같은 열정을 불태우며 속전속공으로
수비와 공격으로 맞서
깨어지면 끝장날지도 모르는 한 판의
승부
아직도 신경전이 계속되고 있다

초록 울타리

실 안개 끼인 유리 창문으로 골프연습을 하는 몽구리로 깎은
남편의 뒷모습을 보았다
빨강 티셔쓰와 흰바지를 바쳐 입은 옆 얼굴이 소년 같다
나도 꽃무늬 원피스를 입고 소녀가 되어
그 옆에 서 봤다
하얀 공이 초록의 원을 그리며 우리를 가둔다

둥글둥글 굴러 갈수록

발 하나

발 둘

발 여럿이

우루루 달려들어

인격도 언어도 마구 치고 받는다

차이면서

역할을 다 하고 툭툭 일어서는 공씨

굴러 갈수록

둥글둥글 원을 그리며

경륜이 굴러 간다

정情

가을만 되면 친구 M은
뒤란 감나무에 온 신경이 간다고 한다
새들도 단 것을 좋아하여
호시탐탐 노려
감을 파먹는다고 새들을 쫓아다니며
잘 갈무리하였다가
가까운 사람들에게 나누어주곤 하는데
그 작은 손으로
하나하나 따 담았을 비닐 봉지에
가득 단감을 건네주면서
백 퍼센트 무공해 과일이라며 먹어 보란다
받기만 하는
단감을 먹으면서
환하게 웃는 친구의 얼굴을 떠올리며
친구 M의 정이 단감보다 더 달다

그런데 나는 왜 해마다 찾아오는 가을을
미리 걱정하고 있는가

5부

날 가시고 달 가시고

날 가시고 달 가시고

동살 잡히자 뒤안 감나무 까슬까슬한 더깽이에
민낯을 대고
하나 둘 셋 열을 셀 때까지
너줄가리 이파리는 죄다 떨어져 납작 접질러 있었는데요
명명백백한 사실은 날단거리 어느 지점에서
부시럭거리던 기척은
허공으로 산화되어 이내 흐리마리 정지되는 듯 했습니다
창졸지간에 곁비어 아스스 해 왔는데요
궁여지책으로 혹여 자전거를 타고 지나갈지도 모른다는 착안이
길목을 지키게도 했고요
오롯이 광창 침구멍에 겨울 매운 살바람이 얼얼 톡톡 쏘아
애꿎은 눈물만 쏟아내는
낭패도 그런 낭패도 없었는데요
예전 자주 갔었던 님께서 참꽃을 꺾으시면
여내연방 그걸 받아 안았던 제 가슴이 무장무장 터질듯 봉긋
부풀어 올랐었던
안도리를 돌아 무섬증이 나건 말건 옷이 젖건 말건
대수겠습니까
첨버덩 첨버덩 냇물을 건너 독메에 이르러

올망졸망 가플막을 오르내리며 헤매이는 이 지경이 되어
뒤안 감나무를 싹둑 베어버릴까
벼라별 궁리는 이적지도 제 곁에 있습니다

미끄럼틀

아들과 함께 걸으면서 엄마는 몰래
걱정을 하고 있다
저 멀리 바람소리가 들린다
보아라 아들아!
단풍잎들이 흩어져 있는 숲속을
그 숲 지나며 순간의 반짝임이 고개를 들어보면
벗은 나무들이
제 종말을 알리고 있지 않니
네가 간신히 말을 익히고
아장아장 걸음마를 배울 적부터
미끄럼틀에서 깔깔 웃기도 하고 넘어져 울기도 하였지
엉덩이를 댄 그곳에 모퉁이도 못도 가시도 박혀 있었지
아들아 미끄럼틀에서 넘어지게 되더라도
그대로 주저 앉진 말아라 그리고
다른 것들이 유혹하더라도
자신을 빼앗기지 말아라
머잖아 너도 알게되리라만
엄마는 아직도 미끌어지고 있다

구름다리

무엇 때문에
위험한 구름다리를 건너려 결심했겠어요
저를 두고 피근피근 하다고 수근거렸지만
성마르게 있는 것보담 나서는 편이
속 편하다는 어리뜩한 저를 나무라지 마십시요

구명줄을 잡고 왜장치는 강물을 내려다보며
걸음마를 배우는 어린아이 같이
엉금엉금 발에만 눈 주고 한 번 옮기는데 천년이
걸린 듯
이끼 낀 나무바닥이 미끌 또 미끌
무게의 파장이 하염없는 눈물이
왜 저를 지배할까요
혹여 이 꼴 보셨드라면
부리나케 달려오셔서 숫기없는 잔 부끄럼으로 미적거리는
저를 등에 업고
여겨듣지 않는 두 손으로 목을 꽉지끼라 명하시고
엄부력거리지 않는다고 퉁바리나 맞으면서
구름다리를 쏜살같이 건넜을 것입니다

잊었겠죠 휘영청 밝은 먼데서 누구냐라는 반문은
누구였으면 하는 간절한 떨림이 즉각적
짜릿한 전류로 전달되어 모기만한 이름이 뇌리에 새겨
영탄조의 감격이 동시에 일어났다는 두근거림으로
잠못 이룬 밤이 있었습니다

당신이 곁 비시니 얇시름여김당하는 일이
보통이 아닙니다
흔들려도 그렇게 흔들어되었을성 싶었던 구름다리는
당신을 닮았다면 여낙낙 순한 양이 되었을 것입니다

저 너머 당신은 사라지고 적막만 남았습니다

가을을 말리다

모든 것들이 말라가는 계절
가을이다
풀판식에 참석했다가 모섬모섬 뽑아 온
꽃들
거꾸로 매달려 말라가고
가을걷이 끝물 채반에서 말라가고
직장 동료 매리 브라운이 뒷뜰에서 따다 준
향의 매력에 푹 빠졌던 구아봐란 과일도
식탁 바구니에 향이 다 날라가고
육즙도 따글따글 말라가는데
흠칫 거울에 비친 물 빠져진 내 얼굴
스팀 다리미로 다리면
물 오른 봄이 될까
살 물이 빠졌다고 투덜대던 그 여인도
가을 속으로 떠나갔다

시행착오

어머니는 칼국수를 칼국시라 말씀 하셨다

밀가루와 콩가루를 삼대 일의 비율로
칼국시의 관건은 반죽에 있다며
손아귀가 아프도록 주물러야 면발이 곱고 쫄깃쫄깃
혼이 살아
밑바닥까지 달달 긁어 먹는다면서
홍두깨와 암반을 밀고 당기는 피나는 전략과 전이의 과정을 거처
방바닥에 보름달 같은 달덩이 하나 펼쳐 놓으셨다

잘 드는 칼로 고른 수준의 칼국시가 중단없이 줄줄이 쓸려 나오는
기막힘

뭐니 뭐니 칼국시의 진맛은 순수 토종 재료를 썼는지 아닌지
맛을 보면 순도의 깊이를 안다고 하셨다

그렇다 진짜 시인지 아닌지도
시행착오만 하는 나의 칼국시

안응골 원통어매

성님요 저짜 저 안응골 막은 안창 원통네 마리씨더
원통아부지 월남전쟁에 돈 버러 갔다 카더이
종전되자 대분에 나왔는데 한 날 가마이보이 휘안티더
첩사이 하나 델꼬 와 가 원통어매 눈탱이 멍들고 머리끄댕이
잡혔다 놓았능가
수세미 같이 얽혀 울고불다 까무라처 보따리 안고
쫓겨났니더
온 동네 발칵 뒤집혀 담너머 보는데서 농짝이며 고리짝이며
살림살이 닥치는대로 번쩍번쩍 마당으로 때굴때굴 와장창
박살나는거 볼라카이 내사 오금이 오그라드는게 기가 안 찻
능교
어린 원통 가가 뭘 아니껴 빼 돌리는 고모 졸래졸래
따라갔고 조석으로 병수발 들었던 원통 할매도 오매불망 기
다린
하늘 같은 서방님한테 소박마즈깨로 마캉 도라서디더
우짜든동 원통 어매 우에 이리 바복한동 내사 도통 몰시더
성님 밤이 꾀 깊었니더 그만 자입시더

흑백사진

선생님이 봄 소풍날을 발표하자
이학년 사반 씨동아들은 와와 발을 구르며 뛰며
손꼽아 기다렸던 운동장은
울긋불긋 잔치집 같았다

드디어 교장선생님 당부의 인사 말씀이 막 끝나고
열중쉬엇 조금 지나
오시마고 약속하셨던 할매가 하매나 오실까
까치발로 조마조마 눈과 귀가 교문으로 쏠려 있을 그때
하마터면 대열에서 뛰쳐
할매 치마폭에 얼굴을 묻었을뻔 했던, 할매는

장농 맨 밑바닥에서 금세 꺼내 입으신 듯
꼬깃꼬깃한 명주치마저고리와 빠질듯 흘러내리는 쪽진 비녀
오목들어간 볼 처진 눈꺼풀 주름투성이 얼굴
우산 걸음으로 걸어 오시며
학교에서 부르는 이름을 모르시는 할매가 숨차게
숙희야아! 숙히야아! 이거 받아라
조금은 부끄럽고 자랑스런
작은 가슴에 안기엔 무거웠다

소풍지는 개울물이 흐르는 야산 큰 수양버들 그늘에
자리를 잡았다
할매의 까끌까끌한 굵은 손 마디로 싸고 또 쌌을 삼베보자기 속에는
입 안에 넣으면 달고 살살 녹아 없어지는 눈깔사탕도
목구멍을 톡 쏘고 넘어가는 사이다도
깨물면 바삭바삭 청각을 자극하는 센배과자도 없고
삶은 고구마 찰밥 볶은콩 쑥떡 같은 것들만 들었다
초등학교 주욱 이루어지지 않았었던 소원이
흑백사진 속에 할매와 내가 웃고 있다

시래기 1

호명산이란 부제가 붙은 검증된 고향 시래기
무조건 떨이했다

미국 시래기는 우째 억쎄고 찔기다는
말씀 뒤에
시래기로 배를 채웠던 밥상 찰 가난 시절이 있었지만
왠지 살아갈수록 촌시럽븐기 그립븐지라고 하셨던
어머님 말씀

어느새 늙어
유연하고 보드라운 것은 다 빠져나가고
미국산 시래기가 되어 있을 줄 난 까마득히 몰랐네

안동 간고등어

한국슈퍼마켓 냉동실에 꽁꽁 얼어붙은 유수한 상표 가운데
유독 안동 간고등어가 반가운 것은
안동과 내 고향 예천은 이웃으로
미국 엘에이까지 공수되어 온 걸 보면
유명세를 짐작케 된다

닷새만에 열리는 예천장날 십리 읍내를 소달구지 타시고
돌아 오시는 어머니 손에 어김없이 시퍼런 등때기에
덩기덩기 묻은 왕소금이 새끼줄에 매달려
정지 끄을은 문 고리에 걸려 있었다

고등어 구수한 냄새에 밥그릇 들고 하매나 하매나
기다렸는데
할배 할매 아부지 작은아부지 밥상에만 오르고
쪼매만 차마 주시면 될낀데 꼬랑지 대가리 뼈다기만 남았다

하늘에 별따기보다 어려워 입맛만 다셨던 그때가
그리도 선하게 음표처럼 떠 오른다

팜트리

댓살 굵은 선조 할배 부채

아자형 발을 드리운 대청 마루에

목침 베고 할배가 살아서

부채를 흔드신다

부챗살을 펴고 바람을 일으키신다

후살이

본 이가 죽었다

척도와 가늠의 깊이를 알 수 없는
정들 것 같지 않은 후살이를
덮어 씌운다면
살아도 사는 것 같지 않은 나날들

그 시절 만나 딱고 사랑한 세월이 얼만데
지겨웠다라고 탈옥의 해방이라는
스스럼 없는
배반의 통보를 해올 줄 까맣게 몰랐다

가슴 적시며 채비 하는 시간
오고 감 만고의 진리며 자연의 순리에 따르라는
경고의 망치 소리에 감았던 눈 번쩍 뜨자
금세 후살이가 혀에 닿여 화들짝 놀랐다

긴박한 서러움 방울 방울 통치마에
얼룩으로 번졌다

땅뺏기 놀이

땅뺏기 놀이를 하다 간 마당에
흩어진 사금파리에서 웃음 소리가 난다.
가위 바위 보
이긴 편이 한 뼘을 펴서
반지름으로 돌리고
엄지 손가락으로 튕기다 보면
이것은 내 땅
저것은 네 땅
뺏고 빼앗기는 땅
점점 땅은 불어가고
점점 땅은 줄어가고
어느새
유년의 마당엔 불도 꺼지고
둥그렇게 그린 금안에
빗물이 스며들어와
금을 뭉개버렸다.
밤이 깊어갈수록 이민 온 마당은 흔들리고
손아귀마다 일어서는 손금

맷돌 2

돌이 돈다
제 몸을 갈며 돌이 돈다
하늘과 땅이
세월을 갈며 돌아 간다
괴로움과 슬픔이 눈물되어 돌아 간다
꿈도 돌고
바람도 돌고

강강 수월래
강강 수월래

조선의 할매 굵은 손 마디가
한으로 돌아 간다
어매가 끈기로 돌아 간다
옛 애기로 돌아 간다

강강 수월래
강강 수월래

끈적한 시름

물방울로 부서진다
한 됫박 살림이
일만 바퀴로 갈리느냐

강강 수월래
강강 수월래

달이 찰수록

미끼를 키워
뇌살할 꿈을 키워 왔다

가장 주목 받고 싶은 철조망에
줄줄이 걸려 있을 때부터
주의 인물
달이 찰 수록
골목골목 야해지면서
연일 열광하며 벌떼처럼 모여드는 군단들

생각보다 손이 빨라
정조대처럼 꺾다가
현장에서 들켜
걸려드는 족족 비장의 일침에 박해 받고
피를 보고 손 뗀 사람도
패가망신하여 줄행랑 논 사람도
숱하다고 들었다

가위로 가시의 가지를 들고
살살 달래보든지
아니면 산채로 감상하면 어떨지

6부

꽃으로 바라 볼 수는 없을까

꽃으로 바라볼 수는 없을까

연락도 하지 않았다
은밀한 약속도 없었다
아직도 먼 높은 산엔 눈이 있겠거니
믿음만으로 산을 오르기로 해 놓고
설레이는 것은 왜일까
아직 눈을 보지 못했다는 사람들이 많은
그 중에 한 사람이 산으로 가고 있는 것이다
아무것도 변하지 않은 것은 없지만
눈이 물로 녹아 없어진다는
눈의 속성이 슬픈 것이다
오로지 눈을 보고 싶다는 열망만으로
산을 오르고 있다
산은 오를수록 길은 좁고 계곡은 험하고
생각은 여러 갈래다
벌써 산비탈 언저리는 눈이 녹았고 길이 끊기고
눈가루가 날려 앞이 보이지 않기도 하지만
나뭇가지들도 눈의 무게가 무거워 눈까풀이 내려앉았다
어느 한적한 곳에 이르러
불꽃같은 열정으로 눈을 바라보았고
눈은 내 안으로 침투하여 내 몸속을 돌며

뒹군 얼마 후
눈은 점점 냉랭하고 형체마저 변질되어
흔적도 없이 사라졌다
내게서 멀어져 가는 눈의 변신을 감지하곤
뭐가 뭔지 알 수 없는
이 상황을 연연해 하며
절대로 발설하고 싶지 않은 심정을 아는지 모르는지

가스등

해변놀 한 자락 꼬리를 감추고 난 후
바다 행 도착을 기다렸다

바다난간 원형탁자 옆 가스등 하나
언제쯤 와 있었을까
우리 만나긴 한 것인데
이미 정평이 난 그의 고집불통이
여낙낙 꺾어지지도 않을뿐더러 꺾어본 일도 없으니
도리없이 몇 걸음 닿을 수 있는 대각선에서
눈주며
시커멓게 닫힌 가스등 심중에 불을 붙였다

식었던 가슴에서 빨아당기 듯 불길이 일어나면서
안으로부터 가장자리로 발그레 옮겨 붙으며
뻥뻥 뚫렸던 구멍마다 속속들이 당겨
불끈불끈 그칠 줄 모르고 타오르는 불꽃

그의 등에 살그머니 밀착시켜 안기며
오늘 밤에사
출렁출렁 후끈 달아오를 사랑아

항해일지

바다 밑에 엄청난 음모가 깔렸다는 것을
모른다고 할 텐가
해미가 깔려 어쩔 수 없었다고 군색한 발뺌이라도
할텐가

언제나 멀리서 맑고 아름답다는 찬사로 피근피근
바다를 겨냥하여 짜릿한 희열 들뜬
제법한 호기는 추호도 그럴 듯 했으이

옴싹달싹 묶었던 밧줄이 풀어지면서
기우뚱 파산선고 전초의 암신 줄만 알았어도
불안했던 적증률이 감돌았던 때를 포착만 했더라도
배밑창이 거들나지는 않았을 것을
애태웠던 만의 전모가 아닌
점 하나 건지지 못했다면 어쩠겠는가

뒤 돌아본 태평양 바다는 언제였느냐시피
물길만 가르고 있었다

잡목림에서

매지 구름이 있는 날
반 비알진
나무꾼의 도끼날이 우지끈 졸참나무의 중심을 찍어
넘어뜨렸다
두개골이 빠져나간 회여 멀건 덩치가
땅바닥에 길게 누워 꿈틀거린다
배냇힘으로 이리 털고 저리 털던 흔적이
단편적이긴 하나
집요한 추적을 받은 입증이라도 하듯
후두둑 후두둑 의문이 던져지는
물증의 여줄가리 이파리들
자연적 도태로 가장하여 진실을 은폐한다 하더라도
이 극한 상황에서
혐의를 벗어나려는 알리바이는
성립될 것 같지 않다
유사시에 평온했던 이 산야에
먹구름이 일어났던 현장이다.

MACWAY FALL
— 그리움

가 닿을 수 없는
내밀한 숲속
들키고 싶지 않은 새 한 마리
고요를 깨고 날아 오른다

나무잎으로 얼금얼금 짜인
그물 사이로
보이듯 말듯
그 형상이 묘연하여
훔쳐보고 싶은
궁금증이 더해 가는데

서서히 안개의 베일이 걷히자
둥게둥게 올려 놓은 크고 작은 바위들이 나타나면서
선명하게 떠오르는
눈부신 나신
깎아 놓은 고도의 절벽에
그리움을 폭포같이 쏟아내고 있다

황토 찻집에서

문 안에 문 또 문 몇 개의 문을 밀었다

가물가물 깜박거리는 심지를 태우며
오손도손 정담을 나누었던
시골 황토방에 돌아온 것 같다
등받이가 없는 나이테 무늬를 깔고 앉은
대 여섯 사람들
태고적 사람들 같이 황토색깔이 되었다

찻집 이쁜 아가씨가 꽃 앞치마를 두르고
대추차를 날렵하게 날라 놓았다
뜨거운 김을 후후 불어 마시며 내려 놓으며
찻잔 부딪는 소리가 침묵을 깨고
부화되지 않은 언어가 탁자를 또르르 굴러
이야기 꽃이 피어오르고
가분수 그림자들이
황토벽에 너울너울 깊어가는 밤

래드 락 사막

아무리 달착지근한 말로 유인한다 하드래도
래드 락 사막엔 가지 않겠다

쩍쩍 갈라진 붉은 뼈와 살점들이 뚝뚝 떨어져 나간 자리가
마치 승냥이 사자 표범 폐사원 같은 기기묘묘한
형상들을 둘러 보는데
험상궂은 눈알 휘번덕이며 빠른 속도로
달려오는 미친 바람을 보았다

바람은 언제나 나의 삶 속에 뛰어 들어
오만작태로 난장판을 벌여놓고
슬그머니 꽁무니를 빼고 달아나는 상습범이었지

하늘이 고함을 치고
허기진 알갱이들이 엉켜 뒹굴며
불가사의에 맞서 천지를 헤매이는 동안 목에 둘렀던
목도리가 모가지를 감고 뱅글뱅글 돌아간다

서창

바다와 노을이 맞 닿은

수평선에

억 만 년 걸려도 만나질까 말까한

사람이라도 있는

서창을 후끈 달게해 놓고

아직도 넘지 못하고 반만 떠 있는 저 사람

꾸물꾸물 뒤척이다

끝내 바다에 몸을 던졌다

해설

죽음의 현실 너머 생명의 세계

이형권 문학평론가 · 충남대 교수

죽음의 현실 너머 생명의 세계

이형권 문학평론가 · 충남대 교수

1. 현실과 시인

시인은 누구보다도 현실 세계와의 불화 속에서 살아가는 존재이다. 현실 세계는 서정과 사랑과 낭만과 진실이 사라진 죽음의 세계이지만, 시인은 그런 세계와 더불어 살아가기를 거부하는 순결한 영혼을 지닌 존재이다. 시인과 세상과의 불화는 항상 시인의 가슴에 상처와 고통을 남기는 결과를 남긴다. 비정하고 각박한 현실 세계의 메커니즘은 순수한 시인의 감성으로는 제압하기 어려운 강고한 힘을 지녔기 때문이다. 그러나 그 고통과 상처가 현실 세계에서 아주 생산적인 의미가 있다. 고통과 상처에 굴복하지 않고 불화를 이어가는 시인들 때문에 현실 세계는 적어도 완전한 죽음의 세계에서는 벗어나게 된다. 죽음이 완전하지 않다는 것은 소생의 가능성이 있다는 것을 의미할 터, 시인이 현실에서 느끼는 고통과 상처는 사람들에게 죽음의 현실을 넘어 생명의 세계로 나가는 길을 안내한다. 그 길의 초입에는 향기 짙은 시의 야생화가 한 무더기 피어 있다.

이 시집에서 보여주는 현실 세계는 크게 현대의 문명사회와 미국의 주류사회로 나눌 수 있다. 시인은 전자와의 불화 속에서 문명 비판적인 시를 탄생시키고, 후자와의 불화 속에서 이민 생활의 애환을 노래하는 시를 생산한다. 윤휘윤 시의 문명비판 의식은 미주시에서 찾아보기 어려운 모더니즘 경향과 관련된다는 점에서 특기할 만하다. 지구상의 대표적인 문명국가의 하나인 미국에 살면서 그 문명이 지닌 비정함을 비판적으로 인식하는 것은 시적 진정성의 차원에서 아주 유의미한 일이다. 또한 이민 생활을 하면서 미국 사회에서 겪은 비애감과 어려움을 성찰적으로 인식하는 시편들은 디아스포라 차원에서 흥미롭게 읽힌다. 그런데 이러한 현실 세계와의 불화는 그대로 자연과 생명의 세계를 동경하는 근본적 동인이 된다. 이 시집을 지배하는 생태 오염에 대한 고발과 생명 지향의 시, 전원적 고향을 향한 노스탤지어의 시, 주변인과 소수자에 대한 포용의 시 등은 현실의 상처와 고통을 넘어서기 위한 생명의 세계를 표상하는 것이다. 이들 시 세계는 이 시집의 전체적 맥락 속에서 상보적이고 인과적인 관계를 형성하고 있다.

죽음의 현실과 생명의 세계를 함께 노래하는 윤휘윤 시인의 작품들은 미주시단 내에서 독특한 위치를 차지한다. 사유의 깊이와 감각의 밀도를 넉넉하게 확보하고 있을 뿐만 아니라 시적 진술 방식도 다른 시인들과 다른 면모를 보여준다. 즉 시적 진술 방식에서 매끄럽고 고운 표현보다는 다소 파격적이고 낯선 비유적 표현을 빈도 높게 사용하고 있다. 이는 미주 시인들의 시가 대개 온건하면서 유사성이 강한 비유를 자주 사용하는 것과 대비되는 점이다. 그런데 표현이 파격적이고 낯설다는 것은 비시적이라거나 미숙하다는 것을 의미하지는 않는다. 오히려 그것은 시인이 그만큼 새로운 표현 방식을 개척하기 위해 고심에 고심을 거듭했다는 것을 의미한다. 특히 이 시집이 지향하는 현실 세계와의 깊고 복잡한 불화 관계를 형상화하는 데는 그러한 표현 방식이 잘 선택된 것으로 보인다.

2. 비정한 도시 문명과 노동 현실의 비판

시인이 현실 세계에서 불화를 겪는 대상 가운데 하나는 현대 문명이다. 이 시대를 살아가는 사람들은 누구나 문명을 거부할 수 없지만, 그렇다고 하여 누구나 비판을 할 수 있는 것은 아니다. 현대인이 문명에 대한 비판을 하기 위해서는 자신의 삶과 사회에 대한 성찰적 자의식이 충분히 확보돼야 하기 때문이다. 윤휘윤 시인의 경우 현대인의 인간적 정체성에 대해 부단히 고민을 하면서 문명 비판을 시도한다는 점에서 그 적실성을 충분히 보장받는다. 이 시집은 기본적으로 리리시즘의 정서를 주조로 삼고 있지만, 문명 비판과 관련되는 모더니즘적 지성과 회화적 특성이 드러나는 시편들도 주목에 값한다.

죽음의 관이다

빌딩 숲을 어슬렁거릴 때부터
정체가 의심스럽긴 했지만

관통하지 않으면 안 될 약점을 아는 철저히
예비된 관이었다

완벽한 방음장치로 비밀이 보장된다는
현란한 속임수에
불발이었던 돌출된 바턴 사를 눌렀다

덩치 큰 괴물 아가리에 덥석 물린 채
문은 닫혔다

제공해버린 육신도 간헐적으로 뛰던 맥박도 사고도
뭉퉁한 의식 저편
직립된 신체는 들것에 들려 조립될 수도 공중분해되어
사라졌다

어디 갔느냐 물었지만
알 길이 없다

—「엘리베이터」 전문

도심에서 살아가는 현대인이라면 하루에도 수십 번씩 이용하는 것이 "엘리베이터"이다. 현대 문명이 응축된 곳이 도시이고 도시의 상징이 고층 건물이라면, "엘리베이터"는 현대인들에게 도시 생활의 고독감, 소외감을 갖게 하는 도구이다. 시의 모두에 등장하는 "죽음의 관"이라는 도발적인 시어는 "엘리베이터"가 지닌 그러한 부정적인 의미를 상징적으로 드러낸다. "엘리베이터"는 그것을 타는 순간 사람들을 다른 세계와 단절시키면서 기계에 지배당하는 존재로 바꾸어 버린다. 그래서 "엘리베이터"는 인간이 "관통하지 않으면 안 될 약점을 아는" 존재라고까지 규정된다. "엘리베이터"에서는 "완벽한 방음장치로 비밀리 보장된다"는 것도 천정에 감시용 카메라가 달려 있기 때문에 "속임수"에 불과하다는 것이다.

흥미로운 것은 사람들이 "엘리베이터"를 타는 일이 현대 문명이라는 "덩치 큰 괴물"에 속아서 그 희생양으로 잡혀 들어가는 것과 다르지 않다는 인식이다. 이때 인간적인 정체성은 정신뿐만이 아니라 육체적인 면에서 "공중분해"되어 버리고 마는 셈이다. 하여 "엘리베이터"는 인간의 삶을 편리하게 하기 위한 것이지만 결국 인간의 삶을 황량하게 만들어버리는 현대 문명의 비정한 메커니즘을 상징한다. 이 시의 문명에 대한 비판 정신은 이사라 시인이 엘리베이터를 "수직 골목"이라고 명명하면서 그것이 인간에게 가져다 준 것은 "21층에서 12층에서 내려오는 동안/ 거의 아무도 만나지 못하는 나날"(「수직 골목」)과 같은 소외감, 고독감이라고 했던 것보다 강도가 세다.

엘리베이터와 유사한 도구인 에스컬레이터에 대한 비판적 인식도 마찬가지이다. 시인은 "뱀이다/ 잡아라/ 달아난다/ 땅에서 기던 것이/ 빌딩 안으로 들어와/ 쇳물로 녹아 반들거린다/ 겁을 집어먹고/ 미끄덩거리는 줄무늬의 잔등에/ 얼른 올라 탔다/ 뒤를 돌아 보았다/ 길게 뻗친 뱀 꼬리가/ 구불덩 구불덩/ 내 징거러운 지난날의 삶이/ 세상 사람들 사이를 헤치며/

뒷걸음질 치고 있다"(「에스컬레이터」 전문)고 표현한다. 이 시에 의하면 "에스컬레이터"는 "쇳물"로 만든 "뱀"이다. 이때 "쇳물"은 인간적 온기를 상실한 철제 도구들을 의미하고, "뱀"은 인간적인 순수성을 앗아가버린 징그러운 존재를 의미한다. 이 둘의 속성을 합쳐 놓으면 현대문명이 지닌 비정함과 정확히 일치한다.

그런데 중요한 것은 이러한 문명 비판이 시인 자신의 삶을 성찰하는 데까지 이어진다는 점이다. 시인이 문명의 도구들을 비판하는 것은 삭막한 현대 문명에 맹목으로 동화된 자신의 "지난날의 삶"을 반성하려는 것이다. 문명의 편리함에 중독되어 그 문제적 측면에 대한 자각이 없었던 점을 자각하는 셈이다. 다른 시에서도 "대화가 단절된/ 사뭇 차갑기만 한 자동응답기"를 문제 삼으면서 기계화, 자동화된 세상에 "덴가슴은 수없이 찔렸다"(「자동응답기」)고 고백한다. 이렇듯 윤휘윤 시인의 시 정신 가운데 중요한 부분의 하나는 현대 문명에서 받은 상처와 배반감을 드러내면서 그것을 날카롭게 비판하는 것이다.

현대인이 문명 속에서 살아가기 위해 해야 하는 일 가운데 하나는 직장에서의 기계적 노동이다. 거대한 기계처럼 구조화되어 있는 문명사회에서 자신에게 주어진 노동을 감당하지 않으면 사회의 일원으로 받아들여지지 않는다. 노동은 원래 인간의 삶을 유지하는데 필수적인 건강하고 즐거운 일이었지만, 산업 사회 이후 자본의 축적을 위한 생산성과 결부되면서 비인간적인 것이 되어 버렸다. 윤휘윤의 시에서 노동은 현대인의 삭막하고 고달픈 삶을 드러내는 매개이다.

> 파스락 깨물어 먹는 입 속의 과자가 사막의 모래라고는 말할 수 없을지라도, 그렇게 맛이 될 수 있다는 것은 오후 네 시의 벽시계가 노동을 멈추지 않는 때문이다. 책상 위에 재킷을 벗어 던지듯 의자에 몸을 던진다. 촉각을 세운 구두 발자국 소리. 벽 모서리에 걸린 눈 덮인 전나무에 바람이 일어 시선을 쾅 닫는 문소리 바나나 껍질이 손에서 떨어져 나가고, 사면의 공간에 타타타 진공관에 찍혀 시간이 끊기고 활자가 끊기고 끊겨 의자에서 다리를 오무렸다 폈다 내렸다 올렸다 뒤틀리는 삐거덕 소리, 백이십오 파운드의 무게는 컵 속의 수분을 삼켜 버리고 십오 분 휴식에 눈을 감는다
>
> ―「의자 다리는 여덟 시간 노동을 한다」 전문

강도 높은 노동을 하다가 맞이하는 "십오 분 휴식" 동안에 일어나는 상념을 기록한 시이다. 시의 화자가 휴식을 맞아 간식으로 먹는 "과자"가 "사막의 모래"같이 느껴진다는 것은 노동으로 인한 피로가 그만큼 강하다는 것을 의미한다. 노동을 끝내야 할 시간이 다가왔지만 "오후 네 시의 벽시계가 노동을 멈추지 않"으니 그럴 수밖에 없다. 물론 이 시에서 "벽시계"는 노동을 하는 대상은 아니지만, 쉼 없이 돌아가는 시계의 움직임에 화자의 고달픈 노동의 연속을 비유한 것이다. 노동의 고달픔은 심지어 무의식 속에서조차 각인이 되어 있는 것으로 보이는데, 아마도 의자에 앉아 가수假睡 상태에서 휴식을 취하는 화

자에게 "시간이 끊기고 활자가 끊겨" 나가는 느낌까지 갖게 한다. "의자에서 다리를 오무렸다 폈다 내렸다 올렸다" 하는 행위도 휴식조차도 편안하지 않음을 의미한다. 이것은 마치 김기택의 「사무원」에서 직장에서의 노동 때문에 사물화, 기계화, 자동화되어 자신의 의자와 한 몸이 되어가는 노동자의 모습을 떠올리게 한다.

시인은 다른 시에도 과도한 노동에 시달리고 있는 자신에 대해 "오버타임이 나의 전유물이나 되는 것처럼/ 노다지 캐러 사인하러 가는 행색이 우스꽝스럽지는 않았는지"(「오버타임」)라면서 금전적인 이득을 생각하며 과감히 떨쳐버리지 못하는 자신을 반성적으로 고백한다. 직장은 생계를 위한 직장생활에 "내 삶을 몽땅 저당잡혔다"(「월급봉투」)는 곳이자, "평온해 보이는 빌딩엔 수많은 못들이 아우성들 치고 있"(「날카로운 것엔 찔리기 십상이다」)는 곳이다. 그런데 이 시집에서 우리는 이러한 현실의 문제들이 내면화되면서 삶에 대한 깊은 성찰로 이어지고 있음을 엿볼 수 있다.

> 비가 발걸음을 묶는 시청 한 블록 사이에
> 공원이 하나 있습니다
> 하나가 찢어진 햄버거 봉지 사이로 허공을
> 흔들었습니다 나뭇잎을 두들기는 빗소리는
> 어두움의 무게만큼 무겁습니다 숨 쉴 때마다
> 공원은 작아졌다 커졌다 가슴이 벌렁거립니다
> 숲과 나무들은 구름을 열었다 닫았다 간간이

아스팔트 불빛이 뱀잔등처럼 번들거리고
도무지 분간하기 어렵고 막막하기만 합니다
아마도 그 옆을 지나가고 싶은 사람은 없습니다
혹여 지나간다 하더라도 뒤돌아 보았는지는
모르지만 아무도 손 잡아 주는 사람은 없습니다
지금도 그곳에 어두움이 있고 천둥번개가 울고
바람이 몸을 때립니다

—「빵은 어디 있느냐」 전문

"공원"은 삶의 고달픔을 상징하는 공간으로서 그곳에 비가 내리는 광경은 을씨년스럽기 그지없다. "찢어진 햄버거 봉지"는 그런 분위기를 더욱 강조하는 역할을 한다. "빗소리"가 "어두움의 무게만큼 무겁"다는 것은 그 소리를 듣는 시인의 마음이 그만큼 암울하다는 것을 암시한다. "숨을 쉴 때마다/ 공원이 작아졌다 커졌다" 하는 것은 시인의 마음이 공원의 그러한 분위기와 완전히 일체화되었음을 의미한다. 그래서 시인은 자신을 둘러싼 세상이 "막막하기만 합니다"라고 인식하게 되고, "손 잡아 주는 사람은 없습니다"라는 고독감에 사로잡히게 된 것이다. 이러한 상황이 과거나 미래가 아니라 바로 "지금"의 상황이라는 것은 더욱 서글퍼질 수밖에 없다. 그래서 "어두움"과 "번개"와 "바람"으로 구성된 "공원"은 현실적 공간을 넘어서 시인의 내면 공간이라고 할 수 있다.

시인은 이러한 공간에 처한 자신의 삶에 세상을 원망하거나 타박하지 않는다. 오히려 자신의 고달픈 삶을 그대로 수용

하면서 겸양의 마음을 간직하거나 스스로 참고 견디는 극기의 태도를 취한다. "아들"에 대한 고백을 통해서도 세상에서 힘겹게 살아가는 자신은 "엄마는 아직도 미끌어지고 있다"(「미끄럼틀」)고 고백한다. 심지어는 "인간인 줄 착각한 저를 돌로 쳐/ 밭고랑에 던져 짐승의 밥이 되게 한 것 고통이었지만/ 백 번 싸다고 생각했습니다"(「인간이 아닙니다」)라고 고백한다. 이 과도한 자기 반성은 그만큼 윤 시인의 정직성과 진실성을 드러내는 것이다. 가령 "나 또한 고난을 삭히며 시어지리라(「김장김치 단상」)는 다짐을 할 뿐인 놀라운 인고의 정신은 이미 삶의 어려움을 관조하고 극복한 마음의 표현이다.

3. 이방인 의식과 구족한 삶의 소망

윤휘윤 시에서 삶의 비애와 고통이 가장 뚜렷하게 드러나는 것은 이민자로서의 삶을 노래할 때이다. 이민 생활의 어려움은 일차적으로 두 문화와 이질적인 가치를 아우르면서 살아갈 수밖에 없는 데서 온다. 어린 시절의 꿈과 추억을 모두 내려놓고 낯선 이국땅에서 이질적인 문화 속에서 살아간다는 것이 쉽지만은 않을 것이다. 더구나 모국을 향한 노스탤지어를 절실하게 간직하고 사는 사람에게는 그 어려움이 더할 수밖에 없다.

공항에서 내국인과 외국인의 출입구가
차별화된 것을 경험한 후

언제까지 지켜질지 모를 내국인으로 남기를
고집하고 있다
여권 갱신 때마다
본적과 현주소가 불투명하다는 지적을 받고
번번이 밖으로 밀려나곤 하였다
오늘도 영사관 창구에서
신상명세서를 받아들고
막히는 한 대목
부랴부랴 수첩을 꺼내 뒤적여 보아도
딱히 분명한 것이 보이지 않는다
여기서도 저기서도
정착 못하는 삶

—「이방인의 현주소」 전문

몸은 비록 외국에서 살지만 마음은 아직 모국에 남아 있는 경계인의 어려운 삶을 단적으로 드러낸 시이다. 보통 사람들의 경우, 모국으로 돌아갈 것이 아니라면 이민 생활의 편리함을 위해 모국의 국적을 포기하는 것이 일반적이다. 모국의 국적을 간직하고 외국에서 외국인으로 산다는 것은 여러모로 불편할 수밖에 없겠기 때문이다. 그러나 이 시의 주인공은 "공항에서 내국인과 외국인의 출입구가/ 차별화된 것을 경험한 후"부터 외국인이 아닌 "내국인"으로 남겠다고 생각한다. 쉽지 않은 결정을 내렸지만 "영사관"에 갈 때마다 "본적과 현주소"가 불투명하다는 지적을 받"는 불편을 겪을 수밖에 없다. 시인은 이 불편을 견뎌낼 수 있을 만큼 고국을 향한 노스탤지어가 절실한 것이다.

이 시의 "불투명"은 일차적으로 주소의 혼동을 뜻하지만, 이차적으로는 완전한 모국인도 아니고 완전한 외국인도 아닌 자신의 정체성에서 오는 내적인 혼란을 의미하기도 한다. 그래서 시인은 자신이 "여기서도 저기서도/ 정착 못하는 삶"을 살고 있다고 고백하는 것이다. 모국에 대한 애착은 다른 시에서 "육십 오세 미시민권자에게/ 이중국적 허용한다는 말에 내 귀는 당나귀 귀"가 되어 "고국 행 대열"(「이중국적」)을 포기하지 않는다는 데서도 잘 드러난다. 그렇다면 생활의 불편을 감수하면서까지 모국에 대한 노스탤지어를 포기하지 않는 이유는 무엇인가? 그것은 정신적, 문화적으로 삶의 뿌리를 간직하고 살기 위한 노력의 일환이다. 시인이 영어가 공용어인 이국 땅에서 한국어로 시를 쓰는 일도 그와 다르지 않은 노력에 속한다.

이민자로서의 경계의식은 사회적 소외감과 관계 깊다. 이를테면 외국에 이민을 간 사람은 그 나라 사람들보다 몇 곱절의 노력을 해야만 그들과 비슷한 성과를 얻을 수 있다. 아무리 노력을 해도 원어민들을 따라잡을 수 없는 언어 문제는 물론 은근한 인종적 차별과 불평등 등을 감안하면 이민자로서 충분한 경쟁력을 갖추고 평안한 삶을 영위한다는 것은 매우 어렵다. 그래서 이민자들은 자칫 삶의 긴장을 잠시라도 놓고 살다보면 어느새 그 사회의 하층민으로 전락하고 마는 게 다반사이다. 실제 미국 사회에는 그렇게 '실패한' 이민자들이 부지기수로

많은데, 시인은 그들을 주변인으로서의 처지를 공유하는 동병상련의 대상으로 받아들인다.

버스 종점 멕시칸 계 아버지는 다리 하나가 고장 난
의자에 빡빡하게 기대어
빨랫줄처럼 늘어진 기타줄에 한 가닥 생을 붙잡고
녹슨 줄을 고르고
만들었지 싶은 깃털 달린 챙 넓은 모자로 얼굴을
푹 눌렀지만 고뇌의
그림자는 감추지 못했다
숭숭 뚫린 바지 구멍으로 드나드는 드센 인생이
감각 없는 맨살에 익숙해 있었고
끊어질 듯 이어지는 아버지의 기타 줄에 어린 아들의 목 짧은
목울대가 휘감겨
애끓는 가락이 끝날 때마다
겹겹이 에워싼 팔매질로 떨어지는 동전이
쟁그렁 쟁그렁 겨울 하늘에 시리다
—「깡통 속에 떨어지는 동전」 전문

이 시에 등장하는 "멕시칸" 부자는 미국 사회에서 소외받으며 살아가고 있는 가난한 이민자이다. "멕시칸 계 아버지"와 그의 "어린 아들"은 "빨랫줄처럼 늘어진 기타줄"에 매달려 걸인의 신세로 살아가는 사람들이다. 변두리에 있기 마련인 "버스 종점"이라는 공간이나 "다리 하나가 고장 난/ 의자", "녹슨

줄", "숭숭 뚫린 바지 구멍" 등과 같은 소품들은 가난하고 힘겨운 이민자들의 삶을 표상한다. 그들은 낯선 이국땅에서 "고뇌의/ 그림자"가 드리운 "드센 인생"을 살아가는 존재이다. 그들이 부르는 "애끓는 가락"은 지나가는 이의 동정심을 유발하여 "동전"을 구걸하는 노래 아닌 노래이다. 사람들이 동냥그릇에 동전을 던질 때마다 들리는 "쟁그렁" 소리는 차가운 "겨울 하늘"을 배경으로 하기에 더욱 처량하다. 하여 시인은 그 소리가 "시리다"라고 느끼면서 측은지심을 발휘하고 있는 것이다. 노점상으로 살아가는 "인디언 그녀"(「깊고 슬픈 큰 눈」)에 대한 마음도 그와 다르지 않다.

낯선 타국에서 이민자로 살아가면서 그 사회의 따뜻한 관심과 배려를 기대한다는 것은 힘든 일이다. 낯선 타국은 죄도 없이 "노숙자"가 "트럭과 충돌"하는 교통사고를 일방적으로 "당했"지만, 아무 일도 없었던 것처럼 멈추었던/ 차량들 움직이고/ 하늘의 구름이나 전봇대나 가로수들이/ 획획 지나가고 있는 사각지대"(「62번을 타고」)와 같이 삭막한 곳이다. 그곳에서 힘겹게 살아가는 사람들을 향한 시인의 마음은 따뜻하다." 직장 동료 흑인 쿠웬이" 버스를 승차하다가 사고를 당한 것을 안스러워 하며, 더 큰 사고를 당하지 않은 것이 다행이라고 생각하면서 "이민살이/ 애환"(「귀가」)을 떠올리기도 한다. 시인은 "막차를 기다리는 차가운 손들/ 동족같이 따뜻하게 잡고 싶다"(「막차」)고 할만큼 미국 사회의 소수자들에 대해 많은 관심을 갖는 것이다.

그런데 현대 문명과 이민 생활에서 비롯된 삶의 고통과 비애는 세상의 편견과 관계가 깊다. 자연을 무시하고 문명을 무작정 옹호하는 마음, 이민자들을 무능력하고 가난하다고 하는 인식은 현대 문명과 이민 생활에 대한 편견의 결과이다. 그런데 사회의 편견보다 더 문제가 많은 것은 개인의 편견이다. 개인마다 떨쳐버리지 못하는 이민자로서의 삶에는 한계가 있다는 생각, 거기서 비롯되는 고통과 비애는 당연하다는 생각은 이민자의 삶을 더욱 힘겹게 하는 것이다. 사실 인간이 살아가는 데 느끼는 고통과 비애는 궁극적으로 외부 세계를 어떻게 받아들이느냐 하는 내면세계의 문제이다. 그래서 시인은 세상의 편견에 앞서 자기 자신의 편견을 극복해야 한다고 생각한다.

엄밀한 의미에서 눈금과 눈금 사이
구심점을 주관하여 금쳐 놓는
절대자가 존재하는 것은 아닐까

가령 저울을 들었을 때 평행선에서
삿됨의 이입이나 성 마른 속바람으로
한쪽이 끝없이 상승할 때
상대적으로 정반대의 현상을 보게 된다

깨뜨리지 못한 고정 관념의 틀에 갇혀
연사질이나 자기 기준의 잣대만이 최상이라고
우기지 않았는지

콤파스로 무한대의 원을 그리고 싶다

—「잣대」 전문

이 시는 "잣대"로 표상된 세상의 "고정관념"를 비판하면서 더 넓은 인식에 도달하려는 화자의 소망을 중심 내용으로 한다. "잣대"의 "눈금과 눈금 사이"는 그 간격이 정확하고 견고하게 고정되어 있는 것처럼, 세상을 지배하는 "고정관념"은 인간적인 여유와 부드러운 변화를 용인하지 않는다. 그래서 시인은 그 불변성이 아마도 "절대자"의 힘에 의한 것은 아닐까 하는 반어적 의문을 갖는다. 이 시구가 반어적인 것은 시인이 기본적으로 "고정관념"에 대해 부정적인 인식을 간직하고 있기 때문이다. 사실 세상을 지배하고 사람을 판단하는 기준 가운데 불합리한 것이 한두 가지가 아니다. 인간미라든가 진솔한 마음과 같은 인간적인 것보다는 가시적 성과나 화려한 경력과 같은 외적인 것이 중요한 기준으로 작용한다. 지극히 비인간적인 세상이다.

시인은 다른 사람들처럼 이런 현실에 좌고우면하는 자신이 못마땅하다. 그래서 시인은 두 번째 연에서 "저울"이 평행의 균형을 잃고 어느 한쪽이 "삿됨의 이입이나 성마른 속바람"으로 "끝없이 상승"하는 것보다 "정반대의 현상" 즉 '끝없이 하강'하는 것에 주목한다. 물질적, 현실적인 "상승" 욕망의 반대편에 그보다 더 중요한 정신적, 이상적인 침잠 의지가 있다는 것을 강조하는 것이다. 이러한 인식은 낡고 관습적인 세상의 편견을 타파하여 세상을, 사람을 바라보는 새로운 시각을 확

보해 보려는 의도와 관계있다. 그래서 결국 자기 자신을 향해 "자기 기준의 잣대만이 최상이라고/ 우기지 않았는지" 성찰적 질문을 던지면서, 편견에서 자유로운 "무한대의 원을 그리고 싶다"는 소망을 가져보는 것이다. 이때의 "원"은 세상의 "잣대"인 "눈금"을 무화시키는 원융圓融과 구족具足의 드넓은 세계를 상징한다.

4. 건강한 자연과 생명 세계의 전망

죽음과도 같은 현실 세계에서 시인이 궁극적으로 지향하는 것은 "무한대의 원"과 같이 넓고 둥근 생명의 세계이다. 실제로 이 시집의 적지 않은 시편들은 현실의 상처와 고통을 위무받기 위해 생태적 상상력을 발휘한다. 주지하듯 문명 현실이나 선진 제국의 존립 근거는 사실 반생태주의의 논리에 크게 기대고 있다. 인류의 근대 문명 속에 깊이 뿌리박고 있는 반생태적인 요인들은 반전통주의와 유럽중심주의, 인간(백인)중심주의 등이다. 지금 당장의 이익과 물질적인 것에만 가치를 부여하는 근대 문명의 메커니즘은 그래서 주변적인 것, 생명적인 것에 소홀하다. 시인이 생태적 상상에 기대는 시를 창작하는 것은 이러한 문제에 대한 인식 또렷하기 때문이다. 가령 문명 세계에 미만한 반자연적이고 반생태적인 모습은 이렇게 형상화된다.

꽃 시장 들통에 만개했던 꽃들

아름다움을 그냥 바라볼 수는 없었던 걸까
아름답다는 이유가 희생의 제물이 된다면
긍휼히 여기사란 모순이다

염하듯 웃자란 가지치기와 불안전하게 붙은
이파리를 뚝뚝 따내
되살아날 잠재력을 핀으로 찌르고
철사로 골절을 살려 칭칭 감는 모순을 감행하는
손이 떨면서
죽음이 번져지는 꽃을 꽂는 수반의 혼들이
질문을 던진다
당신은 꽃을 사랑하는 사람인가요

장식으로 치장한 꽃꽂이가
모순의 산물이 되어
꽃상여같다는 생각이 떨쳐지지 않는다
—「모순」 전문

"수반" 뒤의 "꽃꽂이" 꽃을 "꽃상여같다"는 과감한 비유—앞서 엘리베이터를 '죽음의 관'이라고 비유했던 시구도 그러했다—가 인상적이다. 비유가 과감하다는 것은 대상에 대한 시적 정서의 밀도가 그만큼 강하다는 것을 의미한다. 사실 꽃의 진정한 의미는 자연의 상태에 머물러 있을 때 빛을 발휘한다. 시인은 "꽃시장 들통"의 꽃들이 줄기와 이파리를 제거된

채 "수반"의 철침에 꽂히는 광경을 바라보면서 인간의 비정함을 떠올린다. "수반"의 꽃은 "죽음이 번져가는 꽃"이므로 진정한 아름다움을 간직한 생명의 꽃이 아니라고 보는 것이다. 잠시 동안의 만족을 위해 "꽃꽂이" 꽃을 좋아하는 사람들에게 "당신은 꽃을 사랑하는 사람인가요"라는 질문에는 그러한 비판 정신이 담겨 있다. 나아가 이 시는 "꽃꽂이"를 "모순의 산물"이라고 하면서, 아름다움 때문에 오히려 희생되는 꽃을 통해 세상사의 모순을 드러내고 있다. 이는 자연이나 생명과 같은 아름다운 것들보다 인공이나 죽음과 같은 추한 것들이 세상을 지배하는 현대 사회의 "모순"을 지적하고 있는 것이다.

윤휘윤 시인에게 삶의 비애와 고통을 안겨준 것들, 이를테면 이민자로서 느끼는 어려움이나 고독감, 현대인으로서 느끼는 소외감이나 비정함 등은 모두 반자연적, 반생명적인 세상이 그 원인이다. 소수자인 이민자들을 배려하지 않는 주류 사회의 배타주의, 자연을 편리한 생활의 도구로 보는 현대 사회의 이기주의 등은 모두 상생과 살림의 가치를 망각해 버린 사람들의 이기주의적 가치관이다. 그래서 시인은 인공과 죽음의 메커니즘이 지배하는 세상에서 인간이 진정으로 추구해야 할 것은 자연과 생명의 세계라고 역설한다.

결속력 하나로 일제히 군모를 쓰고
온 몸이 리모컨이 되어 곰보시멘트 벽을 할키며
삼엄한 경계에
강도 높은 그물을 내 걸었다

기러기 이산이 늘어나는 시대에
풀잎과로 시뻐게 취겁했었던 담쟁이는
그 자리에 태어나 대를 이어 새끼에 새끼를 치며
한사코 이산가족을 거부하는 고집 수준급이다

기어코 담장 일대를 시퍼렇게 물들이고
철조망도 없애버린 초록덩이들
한 끈을 잡아당기자
우르르 함께 엉기는 집단력이 놀랍기만 하다
—「입증, 그 뿌리」 전문

이 시는 "담쟁이"의 생명력을 예찬하고 있다. 척박한 환경에서도 "집단력"과 "결속력"을 무기로 삼아 초록을 이어나가는 "담쟁이"는 생명력이 아주 강한 식물이다. 야산이든 담벼락이든 가리지 않고 왕성하게 자라는 "담쟁이"의 모습은 끈질긴 생명력을 상징한다. 그런데 이 시가 생태시로서 의미가 있는 것은 단순한 자연 예찬 혹은 초록 예찬의 수준에 머물러 있지 않기 때문이다. "기러기 이산이 늘어나는 시대"라는 시구로 인해 이 시는 반생태적인 인간 사회를 비판하는 기능을 담당하고 있는 것이다. 오늘날 "기러기" 아빠로 상징되는 가족 공동체의 붕괴 현상은 과정보다는 결과만을 중시하는 어리석은 욕망과의 결과이다. 하지만 결과를 위해 과정이 희생되는 것은 진정한 의미의 생태적인 삶이라고 볼 수 없다. 그래서 시인은 현대 사회는 "곰보 시멘트 벽"이나 "철조망"으로 가득한 세상으로 보고, "담쟁이"는 "초록덩이들"로 그런 비정한 것들을 극복하는 에너지를 상징하는 것으로 본다.

이 시집에는 이러한 생태의식을 드러내는 시편들이 적잖이 등장한다. 예컨대 "생을 거부하고 싶은 힘들고 고독한 그대들/ 다 내게로 오라/ 항아리마다 넘쳐/ 그대들 삶이 용솟음칠 것이// 내 그대들 위해 존재한다"(「수도꼭지」)는 시구에서 우리는 윤휘윤 시인이 지니고 사는 생명의 정신, 배려의 마음을 엿볼 수 있다. 또한 사람에게 그늘을 제공하는 나무에 대해 "나무에게 한 번도 고맙다는 인사도 못했네/ 좋은 일만 하는 저 나무의 앞날은/ 천당은 끋자 놓은 당상이지"(「그늘」)라고 한다. 사실 세상의 모든 그늘은 타자를 위해 존재한다는 점에서 상생의 가치를 상징한다. 한 여름의 뙤약볕을 막는 나무 그늘은 나무 스스로를 위한 것이 아니라 그 아래를 존재하는 모든 생명을 위한 것인 셈이다. 또한 생명의 순환 원리도 생태적 상상력의 핵심 가운데 하나이다. 모든 생명은 나고 자라고 죽는 흐름 속에서 존재하는 것이고, 그러한 원리에 순응하는 것이 건강한 생태적 세상을 만들어가는 첩경에 해당한다. 예컨대 "진정 한 나무의 꽃에서 토마토로/ 다시 토마토에서 꽃으로 돌아오"기를 염원하면서 "썩는다는 것은 가능성"(「황홀한 고민」)을 강조하는 것은 생태적 순환 원리에 대한 인식과 관련된다.

이 시집에서 지향하는 생태의식 가운데 또 다른 하나는 전원적 고향을 지향하는 마음과 관련된다. 고향에서 체험했던 유년기의 순수하고 따듯했던 기억은 시인이 평화로운 생태적 공동체에 대한 호의를 갖는 원천으로 작용한다. 전원적 고향은 시간적으로나 공간적으로 이국적 현실, 문명적 현실에서 일정한 거리를 유지하는 평화롭고 순수한 생명의 장소이기 때문이다. 그래서 시인은 나이가 들수록 "왠지 살아갈수록 촌시러븐기 그리븐지라고 하셨던/ 어머님 말씀"(「시래기 1」)이 절절하게 가슴에 다가들고, 초등학교 시절 소풍의 기억을 떠올리며 "흑백사진 속에 할매와 내가 웃고 있다"(「흑백사진」)는 아름다운 기억을 떠올리는 것이다. 유년기의 추억은 누구에게나 시간이 아무리 흘러도 언제 어느 곳에서나 반복 재생될 수 있는 정서적 원적지이다.

이국적인 풍경을 연출하는 팜트리 나무에서도 윤휘윤 시인은 "댓살 굵은 선조 할배 부채"(「팜트리」)를 연상할 정도로 모국에 대한 사념은 강렬하다. 또한 어린 시절 친구들과 "땅 뺏기 놀이"를 하던 기억을 "유년의 마당에 불도 꺼지고/ 둥그렇게 그린 금안에/ 빗물이 스며들어와/ 금을 뭉개버렸다"고 연상하면서 그 순수한 시절에 대한 강렬한 그리움은 "밤이 깊어갈수록 이민 온 마당은 흔들리고/ 손아귀마다 일어서는 손금"(「땅 뺏기놀이」)으로 치환되면서 현재의 신산스런 삶과 대비된다. 한인마켓에서 고등어를 사 오면서 "비닐봉다리에선 비린 고향 내가 확 풍긴다"(「한국슈퍼마켓」)는 느낌도 노스탤지어를 감각적으로 강조하는 역할을 한다. 노스탤지어는 이렇듯 이 시집의 시적 상상을 유인하는 정서적 에너지 가운데 아주 중요한 하나이다.

5. 뿌리와 날개

이렇듯 이 시집의 시편들은 대부분 윤휘윤 시인이 죽음처럼 삭막한 현실 세계를 살아가면서 느낀 삶의 상처와 고통 속에서 태어났다. 한국계 미국인(Korean-American)으로서 살아간다는 것, 그것은 말할 수 없이 큰 슬픔과 고통을 참아내야만 하는 힘겨운 삶이다. 또한 현대인으로서의 문명에 기대어 살면서도 그것의 비정함에 대해 비판적인 자세로 살아간다는 것, 그러한 삶도 불편하기는 마찬가지다. 이렇듯 경계인으로서의 비애와 고통 속에서 살아온 시인은 타자와 어울려 사는 생태적 상상력을 통해 그 어려움을 극복한다. 이 시집에서 강조되고 있는 생태적 가치는 상생의 생명 원리와 유년기의 순수성으로 집중되어 나타난다. 이 시집에서 상생의 원리는 원주민과 이민자 사이에서, 이민자와 이민자 사이에서, 인간과 자연 사이에서 두루 실천되어야 할 윤리적 가치이다. 유년기의 순수성은 또한 현대 문명의 비정함을 상쇄해 인간적 가치를 고양할 수 있는 이상적 가치이다. 이 시집은 이러한 가치를 적극적으로 추구하는 미덕을 보여주었다.

미국에서 한국어로 시를 쓰는 일은 한국에서 한국어로 시를 쓰는 일과 매우 다르다. 언어 문제와 관련하여 우리는 일제치하에서 아주 복잡한 경험을 한 적이 있다. 일제치하 한국 시인들은 일본어와 한국어 사이의 딜레마, 혹은 일본어를 강요하는 폭력적인 환경에서 시를 썼었다. 그때의 모국어 의식은 애국심이나 민족애의 실천과 직결되는 것이었다. 그러나 미국에서 한국어로 시를 쓴다는 것은 그런 정치적 담론에 의한 것이라기보다는 문화적, 실존적 자기정체성을 추구하는 성격이 더 강하다. 윤희윤 시인의 경우가 바로 그렇다. 영어가 지배적인 언어인 미국 사회에 효율적으로 적응하기 위해서는 영어를 더 가까이 하는 것이 상식이다. 그러나 윤휘윤 시인을 비롯한 코리안-아메리칸 시인들은 역설적으로 미국 사회에 잘 적응하기 위해 서 한국어로 시를 쓴다고 할 수 있다. 그들은 한국어라는 문화적 뿌리를 마음 속에 깊이 내리면서 이민 생활의 고달픔을 극복한다. 그리고 이 뿌리를 발판으로 삼아 시의 날개를 달고 정신적으로 수준 높은 삶을 지향하는 것이다.

이민자의 생활은 뿌리도 날개도 없다고 하지만, 윤휘윤 시인의 문화적 뿌리는 깊고 시의 날개는 넓다. 이 시집에 경상도 사투리와 토속적 언어들이 빈도 높게 드러나는 것은 윤휘윤 시인의 뿌리 의식이 얼마나 깊은지 암시해 준다. 또한 고달픈 직장 생활을 하면서도 왕성한 창작 활동을 하고 있다는 것은 윤휘윤 시인이 얼마나 건실한 정신의 날개를 소유하고 있는지를 증명해 준다. 요컨대 이 시집을 모두 읽은 후에 독자들은 미국의 어느 저널리스트가 말한 금언을 하나 떠올려보면 좋을 듯싶다. “There are only two lasting bequests we can give our children. One is roots, and the other is wings.” 이 시집이 다음 세대의 코리안-아메리칸들에게 마음의 뿌리와 영혼의 날개가 되어주기를 염원하면서

윤휘윤

윤휘윤 시인은 경북 예천에서 태어났고, 수도사대(국제기독교육학 M. A.)를 수학했으며, 『심상』으로 등단했다. 시집으로는 『이민시대』가 있으며, '안데스 문학상'과 '해외문학상'을 수상했다. 재미시인협회 이사장을 역임했고, 국제펜클럽 회원, 미주시인협회 이사, 미주한국문인협회 부회장으로 활동을 하고 있다. 현재 L.A. COUNTY 공무원.
미국으로 이주한 이후, 오랜 세월동안 경계인의 삶을 살아온 그는 이 『뿌리와 날개』에서, 현대문명사회에서의 실존적인 고뇌의 삶을 노래하고 있다고 하지 않을 수가 없다. 현대문명사회의 비정함과 노동현실의 어려움, 생태환경의 오염과 이주민으로서의 조국에 대한 향수 등이 그의 언어에 진하게 배어 있는 것이다. '뿌리'는 그의 아버지—조국(대한민국)이고, '날개'는 그의 이상적인 모델로서 미래의 한국인일는지도 모른다.

윤휘윤 시집

뿌리와 날개

발　　행 2012년 6월 30일
지 은 이 윤휘윤
펴 낸 이 반송림
편집디자인 김지호
펴 낸 곳 도서출판 지혜
　　　　 계간시전문지 애지
기획위원 반경환 이형권 황정산
주　　소 300-812 대전광역시 동구 삼성1동 273-6
전　　화 042-625-1140
팩　　스 042-627-1140

전자우편 ejisarang@hanmail.net
홈페이지 www.ejiweb.com

ISBN : 978-89-97386-24-6 03810
값 8,000원